Les filles,
qu'est-ce qu'il nous arrive ?

Ouvrages de Pierre Botton

Lettre ouverte d'un bouc émissaire à Tapie Bernard et Charasse Michel, ministres intègres, Albin Michel, 1995.
La Prison, Michel Lafon, 1997.
Mes chers amis, Flammarion, 2000.
Il y a toujours des complices..., Flammarion, 2002.
J'aime la vie. Comment remonter la pente, Flammarion, 2003.
Moi, ancien détenu, bâtisseur de prisons nouvelles, Pygmalion, 2012.

Pierre, Marie-Anne,
Marie-Sophie Botton

Les filles, qu'est-ce qu'il nous arrive ?

PLON
www.plon.fr

12, avenue d'Italie
75013 Paris
Tél. : 01 44 16 09 00
Fax : 01 44 16 09 01
www.plon.fr
www.lisez.com

Mise en pages : Nord Compo
Dépôt légal : septembre 2019
ISBN : 978-2-259-26515-7

Prologue

Pierre

J'ai eu trois filles avec deux femmes différentes, Anne-Valérie, avec laquelle j'ai été marié, et sa sœur, avec qui fut entretenue une longue liaison. Mes filles sont ainsi sœurs et cousines. Elles s'appellent toutes Marie, du nom de la mère de Jésus. Non que je sois religieux, ni même croyant – j'aurais tellement aimé –, mais dans ma famille, les femmes portent ce beau prénom depuis plusieurs générations.

Mes deux aînées, Marie-Sophie, trente ans, et Marie-Anne, vingt-sept ans, sont très proches. Leur maman, Anne-Valérie, est une femme incroyable pour qui j'ai beaucoup d'affection. Les relations ne sont malheureusement pas aussi évidentes avec la maman et la petite dernière, Marie-Suzanne, aujourd'hui âgée de dix-neuf ans.

Marie-Anne souffre depuis l'âge de treize ans de ce qu'on appelle l'anorexie mentale. Je n'en ai rien su durant de longues années, déléguant sans le savoir à sa sœur Marie-Sophie l'aide pour la sortir de cette horrible maladie. Pendant qu'elle souffrait, j'ai été le grand absent de son combat. Aujourd'hui, elle n'est pas totalement guérie mais elle semble maîtriser plus ou moins ce mal, ce qui nous permet d'écrire ce livre.

Alors je noircis des pages sur ordinateur pour tenter d'évacuer mes peurs. Car mes filles souffrent. Et de le savoir, moi aussi. Même si cela n'a, évidemment, pas du tout la même importance.

*

Cet ouvrage est un témoignage à six mains.

D'abord avec ma fille Marie-Anne qui, du plus profond de sa douleur, raconte ses souvenirs, ce qu'elle a vécu, des séances de scarifications aux vomissements, en passant par la solitude et l'isolement qui accompagnent la maladie. « Papa, j'ai écrit quelques lignes. Je voudrais participer à ton livre. Si je peux aider des gens qui souffrent ou faciliter la compréhension de ce que nous vivons, nous les anos – diminutif d'anorexiques –, je serais vraiment contente. »

Ce récit est aussi la narration de ma propre prise de conscience. Une prise de conscience tardive qui m'a amené à côtoyer les parents en souffrance, les réunions dédiées, à entendre les médecins et à essayer de comprendre, d'espérer, de croire que l'on peut en sortir.

Ce texte est, enfin, la vision croisée père-enfants de ce fléau qui bouscule et parfois fait voler en éclats les familles, puisque y intervient aussi mon aînée, Marie-Sophie, qui a soutenu et accompagné sa sœur avec une incroyable énergie quand, moi, je ne voyais rien.

*

C'est parce que je me suis trouvé désemparé devant la lente descente aux enfers de ma fille, parce que je ne recevais aucune réponse ni aucune aide du système médical en place, que nous avons donc décidé, Marie-Anne, Marie-Sophie et moi, d'entamer cet ouvrage. Pour aider, partager, mais aussi pour hurler une douleur, une souffrance que les médecins n'ont pas toujours entendue, pour exprimer une colère et une déception devant le manque d'empathie de certains soignants qui nous ont abandonnés avec parfois de la morgue, de la condescendance, ajoutant du désarroi à la douleur.

*

L'anorexie éloigne de tout. Elle broie tout. Avoir des enfants anorexiques est la certitude de ne plus faire partie d'aucun cercle social et d'entrer dans une immense solitude, de se retrouver comme banni par la société. Car cette maladie fait peur aux parents et les culpabilise.

Sournoisement, insidieusement, la notion de responsabilité, de doute quant à l'éducation que l'on a donnée, de faute même, s'immisce dans la tête des familles d'enfants souffrant de troubles alimentaires compulsifs – puisque c'est le terme adéquat.

Je me suis ainsi demandé nombre de fois ce qui avait pu déclencher tout ça. Avec ce livre, j'aimerais donc essayer d'apporter des réponses, alerter sur les signes avant-coureurs, même si, malheureusement, je n'ai aucune certitude quant aux solutions proposées, aucune recette miracle. Mes filles et moi ne prétendons d'ailleurs pas les détenir ni même donner une voie ou une conduite à suivre. Nous souhaitons seulement livrer un témoignage, rapporter aussi ceux des parents, poignants, entendus lors de nombreux entretiens, en somme raconter les ravages du tsunami déclenché par ce mal.

*

Car l'anorexie, ne l'oublions pas, est une maladie mortelle. C'est même la maladie psychiatrique qui présente le plus grand taux de mortalité.

Avant qu'elle n'atteigne Marie-Anne, je l'avais côtoyée il y a plusieurs années avec Solenn, la fille de mes amis Véronique et Patrick Poivre d'Arvor. Comme beaucoup de parents, je n'avais pas imaginé être un jour touché de plein fouet, confronté aux mêmes angoisses, à la même terreur qu'eux. Alors que j'allais me retrouver un jour face à l'immense portrait en noir et blanc de Solenn qui orne l'entrée de la Maison de Solenn, cet établissement ouvert grâce à Bernadette Chirac et à Patrick Poivre d'Arvor, dédié aux adolescents souffrant de troubles alimentaires compulsifs, je me souviendrai des mots adressés à mon épouse de l'époque, Anne-Valérie, et à moi-même, le 18 mai 1995, par la petite jeune femme blonde que nous avions invitée pendant le Festival de Cannes :

« Mes chers amis,

Je ne sais comment vous remercier pour ce week-end formidable dans le monde magique du Festival de Cannes que j'ai découvert pour la première fois.

Grâce à toi, Anne-Valérie, j'étais présentable pour la montée de ces fameuses marches. Maman étant absente, tu as pris bien soin de moi (vérifié si tout allait bien, si je mangeais assez, etc.). Et Dieu sait combien j'ai besoin que l'on me soutienne en ce moment.

Je vous remercie d'être toujours là quand je ne me sens pas bien, de m'aider, de comprendre ce dont j'ai besoin.

Embrassez les petites pour moi.

Je suis impatiente de vous revoir.

Je vous embrasse très fort.

Sincèrement,

Solenn. »

C'est pour elle et pour tous les enfants qui souffrent, pour ma fille comme pour tous les parents emmenés dans cette douleur, que nous avons voulu témoigner.

1

Des souvenirs au goût amer

Pierre

Hôtel Atlantis, Émirats arabes unis, avril 2015. Je profite de ce lieu magique avec Marie-Anne, âgée de 24 ans, Marie-Sophie, Marie Suzanne et ma compagne. C'est le paradis des enfants et des adolescents. Il fait chaud, très chaud.

Pour la première fois depuis notre arrivée, nous nous attablons au restaurant de l'hôtel où se tient un magnifique buffet de petit déjeuner.

Tout est présenté en abondance : des sushis, des pinces de crabe, des viennoiseries, des fruits, des parhatas (ces sortes de galettes de pain très populaires en Inde), des salades, du fromage, des glaces, du riz, des pâtes, des œufs, du bacon, du saumon, de la viande, des crêpes, des gaufres, des pancakes, de la chantilly, des confitures et une énorme fontaine de chocolat qui fait le bonheur de mes filles.

Je suis content, tout le monde se sert, plein de joie, et remplit assiette sur assiette. Comme on me l'a appris lorsque j'étais gosse, manger est un signe de bonne santé.

Repus, nous quittons la table et nous apprêtons à sortir quand je manifeste l'envie de me rendre aux toilettes :

— Allez-y, ne m'attendez pas, on se retrouve dans la chambre.

— Non, on t'attend, on n'a rien à faire. Restons « groupir » (allusion au film *Où est passée la septième compagnie* que mes enfants adorent).

Les minutes s'écoulent, longues, très longues. Mes filles ont le temps d'étudier sous toutes ses coutures la maquette du nouveau projet de Sol Kerzner, le concepteur sud-africain et ancien propriétaire du complexe avec lequel je joue au backgammon lorsqu'il est de passage en Europe.

Enfin, je réapparais.

— Tu es malade ?

— Non, pas du tout.

— Tu restes bien longtemps aux toilettes.

— Rassure-nous, tu ne te fais pas vomir ? Tu as les yeux rouges.

Je réponds par un sourire.

*

Les enfants sont de vrais lasers sur nos vies et comportements. Des lasers implacables puisque, depuis l'adolescence, j'ai un problème avec mon poids. Je pesais plus de cent kilos à 24 ans mais, à la faveur d'un régime sévère et d'une rupture amoureuse, je suis descendu à quatre-vingt-trois. Et, depuis, je vis sous la pression du pèse-personne. Comme le dit mon ami Jean-Pierre Foucault : « J'ai perdu des tonnes dans toute ma vie et pas mal d'argent aussi. »

Le premier de la famille à avoir fréquenté régulièrement les toilettes après un repas, c'est moi. Lyonnais d'origine – avec pour parrain Paul Bocuse, l'immense et regretté chef cuisinier multi-étoilé –, la table et le restaurant ont toujours été un élément fondamental de la signature d'un contrat, de la conclusion d'une affaire ou d'une négociation tout au long de ma vie professionnelle. Après un déjeuner ou un dîner copieux, il arrivait donc que je revienne à la maison les yeux rougis. Mes filles étaient les premières à ne pas être dupes, joignant le majeur et l'index – les deux doigts « coupe-faim » – pour signaler qu'elles n'avaient pas loupé mon petit manège.

Aujourd'hui encore, je continue à me peser chaque matin. Et mon humeur dépend du poids affiché par cette maudite balance. Tout cela serait risible si mes enfants, depuis leur plus jeune âge, n'avaient vécu dans cet univers de combat permanent contre le poids, oscillant entre les périodes de bombance où je me goinfrais et celles où je ne mangeais plus rien.

Comme j'ai très peu vécu avec mes filles, peut-être ont-elles été encore plus marquées par ces moments. Sans doute ai-je dû les imbiber de cette angoisse, elle-même augmentée par les injonctions publicitaires qui nous entourent et estiment une taille trente-six « normale ».

Difficile de ne pas culpabiliser lorsqu'on voit les conséquences de tous ces messages subliminaux. Car les parents donnent à leurs enfants un bagage qu'ils ne connaissent pas eux-mêmes et dont ils n'envisagent en rien les futurs ravages. Il en fut ainsi des miens. Je me souviens de ma mère, dans la cuisine familiale, qui, à chaque repas, alors que les assiettes étaient déjà très remplies, clamait : « Tu ne vas pas laisser tout ça ? », voire « Tu ne manges rien, ce n'est pas bon ? Il y a quelque chose qui ne va pas ? » Comment ne pas développer, alors, un rapport à la nourriture « déréglé » ?

Comme beaucoup, j'ai aussi grandi au son des proverbes populaires qui prétendent que « quand l'appétit va tout va », « qui a honte de manger a honte de vivre », « l'appétit est le meilleur cuisinier ». En outre, à mon époque, il ne fallait rien laisser dans son assiette, surtout lorsque les deux seules chaînes de télévision d'alors diffusaient en noir et blanc des images de la guerre du Biafra, où l'on voyait des enfants maigres, les yeux exorbités, la peau sur les os, incapables de marcher, côtes, tibias et fémurs apparents. « Que tu as de la chance d'être ici », entendais-je.

Mon père, lui, ne cessait d'alterner régimes très stricts et orgies de nourriture, passant régulièrement de cent trente à quatre-vingts kilos. Et lorsqu'il arrêta de fumer ses deux paquets de Boyard Maïs quotidiens, ce fut encore pire !

De ses trous de cigarette laissés partout, de l'odeur de tabac froid dans la voiture, j'ai gardé le souvenir et l'horreur marqués dans ma chair. Depuis, je n'ai jamais touché une seule clope de ma vie. Preuve que les enfants conservent en mémoire chacun de nos gestes, de nos mots, chacune de nos attitudes, de nos failles.

*

J'aimerais être un père fier, égoïste, qui ne pense qu'à lui, qui se fout du reste, ment, ou, autre chose, mieux ou pire ? Un père vivant dans la religion – quelle qu'elle soit –, qui élève ses enfants dans la foi et leur impose ses certitudes sur l'existence. Malheureusement pour elles, je n'étais pas et ne suis pas ce père.

Moi, je parle beaucoup et ne cache pas grand-chose. Je montre mes larmes, ma gaieté, ma tristesse. Ma seule façon de protéger un peu mes filles a toujours été de les tenir au maximum éloignées de mes emmerdes, de mes névroses et de mes fautes, tout en leur déclarant – sans cesse – que je les aime.

Dernièrement, le psychiatre qui me suit m'a dit : « Avec tout ce que vous leur avez fait, à vos enfants, avec vos compagnes plus jeunes les unes que les autres, avec les turpitudes de votre vie, votre médiatisation pour un combat peu populaire, votre absence, vous ne vous en sortez pas mal, parce qu'elles vous aiment. »

*

Une chance car, de mon côté, il a fallu plus de vingt ans de thérapie auprès d'un spécialiste de Sainte-Anne – je m'y rends encore – pour comprendre que, malgré les propos quotidiens de ma mère m'enjoignant d'aimer mon père, je n'avais, personnellement, aucune obligation de l'aimer tant lui-même n'était pas « aimable ».

Pourtant, chaque année, au moment de Noël, ma mère me servait systématiquement le même discours :

« Il t'a élevé, il t'a gâté, c'est ton père, tu te dois de l'aimer. »

Mais devrais-je passer par pertes et profits les coups portés sur le jeune ado que j'étais, allant jusqu'à me casser des côtes ? Les cris et les injures que provoquait en particulier son alcoolisme ? Les agressions permanentes pour me rabaisser ? Les engueulades avec ma mère, qui dut même aller porter plainte contre lui à plusieurs reprises au commissariat, à une époque où c'était encore moins évident qu'aujourd'hui ? Devrais-je oublier les trahisons à répétition et les injures portées en public contre moi à tout âge de ma vie ? Sans parler des deux fois où il me tira dessus parce qu'il voulait me tuer... ?

Toujours est-il que j'ai mis des années à m'éloigner de cet être qui m'a fait beaucoup de mal, mais je me suis surtout efforcé de ne pas imposer la même chose à mes enfants. J'ai donc tout surveillé, allant jusqu'à fuir pour ne pas leur faire supporter ce que j'avais enduré.

Ainsi, j'ai accepté les chiens que mon père avait toujours refusés ; je n'ai contraint personne ; j'ai laissé aux deux mamans le soin de donner à nos enfants une « bonne éducation de filles de ministre » ; j'ai été le GO des vacances scolaires. C'est vrai, j'ai refusé de jouer le jeu de la famille modèle, préférant me laisser entraîner par les sentiments, par le plaisir, par la vie à bouffer par tous les bouts. Par peur de revivre ce que j'avais enduré après l'accident de moto qui m'avait laissé, à l'âge de 16 ans, cloué sur un lit d'hôpital pendant deux ans, handicapé en pleine adolescence et pour toujours, rempli de complexes physiques mais avec au fond de moi la volonté de tout vivre par crainte qu'un autre accident ne vienne faucher le peu de santé qu'il me restait, j'ai choisi de ne rien cacher et de savourer l'existence.

Mais je ne pensais pas avoir fait de mal à mes enfants. Je ne pensais pas que mon absence, mes régimes, la représentation du couple et de l'homme que je leur avais donnée, les avaient atteintes. Surtout, je ne pensais pas qu'en laissant une balance dans ma salle de bains, bien en vue et accessible, j'allais peut-être tuer l'une de mes filles et faire souffrir l'autre.

2

À quel moment ai-je dérapé ?

Pierre

Marie-Anne ne vit pas avec moi, elle a été élevée par sa maman, avec sa sœur Marie-Sophie, et a fait ses études aux États-Unis, en Floride à Miami. Si au début ce fut très dur pour elle, ne parlant pas un mot d'anglais, elle s'est adaptée à la vitesse de l'éclair.

De mon côté, je me suis « contenté » de me démener pour verser la pension mensuelle, malgré les difficultés, et essayer de voir mes aînées dès que cela était possible. J'ai pensé que l'étranger allait les protéger de ce père shooté aux médicaments qui travaillait pour se reconstruire. Comme une délégation financière sur l'éducation de nos filles ? Comme une manière de me dédouaner ? Sans doute.

Pour être honnête, je ne me considère pas comme un bon père, en tout cas pas un père présent. Et pour cause, j'ai passé ma vie à travailler, à me battre pour transformer le nom que les miens portent, à essayer de le laver de mes erreurs et qu'il soit, *a minima*, un patronyme comme les autres – même si cela n'arrivera vraisemblablement jamais.

Or le temps que je consacrais à ce combat, qui me semblait important pour mes filles et leur avenir, je l'ai perdu avec elles. Il y avait les vacances bien sûr, souvent au bout du monde pour n'être rien qu'en leur compagnie, mais comme j'étais toujours accompagné de ma compagne, déléguant le « travail » de papa à celle qui partageait ma vie, en outre plus proche en âge de mes filles que moi-même, au fond je ne me retrouvais jamais seul avec elles.

Est-ce que je paye cela aussi ?

*

Disons-le d'emblée, je n'ai rien à reprocher aux mères de mes filles, qui ont voué leur vie à nos enfants, dans une relation fusionnelle, comme un couple indissociable, se battant pour tout, pour leurs réussites, pour leur bonheur. Mon ex-femme, Anne-Valérie, la mère des deux aînées, est la seule que j'ai épousée et même si nous nous sommes séparés, même si j'ai entretenu une liaison de plusieurs années avec sa dernière sœur, elle a toujours souhaité préserver l'image de leur père auprès de Marie-Sophie et de Marie-Anne.

*

À quel moment ai-je dérapé ?

On le voit, en boucle, je cherche où j'ai fauté, tant, évidemment, je me sens coupable.

Je me répète sans cesse certaines phrases prononcées par mes enfants : « Tu ne connais rien de ma vie, tu ne sais même pas qui sont mes amies, je ne vis pas avec toi et chez toi, ce n'est pas chez nous. »

Ce type de propos, je ne les ai pas toujours encaissés sans rien dire mais mes réponses étaient vraisemblablement maladroites : argent, vacances, environnement exceptionnel... telles étaient mes réponses. Je me suis en effet efforcé que mes filles obtiennent des stages là où elles le voulaient, dans les secteurs qu'elles aimaient. Ainsi, mes deux aînées ont pu assouvir leur passion du cheval grâce aux Coupérie-Eiffel, assister aux concerts organisés par mon ami intime Thierry Suc ou à ceux des Enfoirés, travailler chez Hermès, grâce à des connaissances fidèles.

J'ai même fait des NRJ Music Awards à Cannes un rendez-vous annuel entre nous. Au fil des ans, elles ont collectionné les selfies de ces moments rares avec les vedettes de leur âge, suivant les époques : Britney Spears, Jennifer Lopez, Madonna, Katy Perry, Harry Styles, etc. Des tonnes de souvenirs emmagasinés qui, je l'espérais, seraient à même de compenser le manque de ma présence quotidienne.

Peine perdue. Et doigt dans l'œil.

3

Vomir, un rite sacrificiel

Marie-Anne

Je vis à Miami avec maman et ma sœur Marie-Sophie ainsi que nos deux chiens Patapouf et Maya. À l'occasion des vacances scolaires, nous prenons l'avion avec mon aînée et nos dogs pour rejoindre papa, resté en France. Beaucoup d'enfants aimeraient sans doute avoir la vie que nous avons, car quand nous ne le voyons pas dans l'Hexagone, on s'envole pour la côte ouest des États-Unis : le Canada, les Bahamas, le Salvador, etc. Certes, je n'ai jamais connu mes parents ensemble, mais à l'inverse de beaucoup d'autres qui restent accrochés « pour leurs enfants » et passent leur temps à se hurler dessus, ne vaut-il pas mieux que les miens soient séparés et que l'environnement familial demeure serein ?

Je le pense vraiment.

Je préfère de loin la manière dont ils ont décidé de faire les choses. Maman nous donne une éducation irréprochable même si elle travaille beaucoup.

Nous respectons toujours ce qu'elle nous apprend. Ni Marie-Sophie ni moi n'avons jamais fait de grosse bêtise : pas d'alcool ou de drogue, pas de méga soirée, rien. Disons qu'entre l'école, les activités extra-scolaires et les week-ends à Disney ou en balade avec une autre famille française expatriée comme nous aux États-Unis, nous n'avions ni le temps ni l'envie de faire ce que la plupart des autres jeunes font.

Une enfance idéale, je dirais ; peut-être loin de papa mais avec sa voix, chaque jour, au téléphone.

Pourtant, après des années de bonheur à Miami, nos parents décident de nous ramener en France afin que ma sœur aînée, à l'approche du bac, poursuive sa scolarité sur le territoire français. Je suis le mouvement sans rien dire mais, au fond de moi, j'ai le sentiment que l'on m'arrache à mon pays de cœur et à tout ce qui fait mon quotidien depuis longtemps. J'ai 13 ans, je suis triste et j'ai peur… Je n'ai jamais compris pourquoi on nous ramenait dans l'Hexagone alors que ma vie se trouvait aux États-Unis. Mais je n'en veux pas à maman, elle a toujours tout fait pour notre bien.

C'est donc dans une tristesse infinie et avec un gros pincement au cœur que j'observe, impuissante, les préparatifs des adieux. Nous quittons Miami. Est-ce le point de départ de la descente vers la maladie ?

*

Des troubles obsessionnels du comportement – dont je ne connaissais pas le nom à l'époque – commencent à envahir ma vie. Dans la baignoire, par exemple, je m'allonge à l'envers, fesses en l'air, pour savoir si ce sont les os de mes hanches ou mon ventre, à mes yeux trop gros, qui toucheront en premier le fond émaillé : si je sens sur la peau de mon bedon (imaginaire) le moindre centimètre d'émail, alors débute un drame psychique aux conséquences incalculables… Je me pèse dix fois par jour, me regarde dans la glace pour me comparer, essaie des vêtements que je ne trouve jamais à mon goût alors que tout le monde m'estime ravissante dedans. Pour moi, les tissus me boudinent, quels qu'ils soient. Mes mauvaises habitudes s'installent, je ne mange plus, et lorsque je me force à avaler quoi que ce soit pour ne pas attirer l'attention, je me fais vomir immédiatement après.

*

Tout de suite, à cet instant, sans exhibitionnisme, je voudrais raconter ce que signifie se faire vomir.

Il faut d'abord trouver des toilettes ou une douche loin de tout regard, de toute oreille. Puis entrer, au bord des larmes, dans cet espace de chagrin. Car ne nous y trompons pas : vomir est un soulagement, mais aussi une immense souffrance. Lentement, je prépare le terrain en relevant la lunette du WC.

Je m'agenouille, frotte l'index et le majeur de ma main droite pour les réchauffer. Si je suis dans un espace douche, je laisse couler l'eau pour couvrir le bruit des vomissements. Je vais même jusqu'à calculer la durée de mon scénario. J'introduis ensuite les deux doigts au plus profond de ma gorge et me vide en essayant de faire le moins de bruit possible tellement j'ai honte – encore aujourd'hui en écrivant ces lignes.

Ne commencez jamais, pas une seule fois. Voilà mon seul conseil.

Après les vomissements, je me lave le visage, me brosse les dents et me frotte les mains au savon. À trois reprises.

Aujourd'hui encore, décrire cette scène pour éviter à d'autres de devoir la vivre relève de l'intense souffrance. J'espère que c'est salutaire.

4

Les scarifications, stigmates de la maladie

Pierre

Lorsque mes enfants résidaient aux États-Unis, j'avais entendu dire que mon aînée se scarifiait. Cela n'avait pas beaucoup de sens pour moi, ne comprenant pas vraiment de quoi il s'agissait, ce que signifiait précisément ce verbe. Et comme je n'étais pas auprès de mes filles physiquement, je ne visualisais pas concrètement de quoi il retournait.

Aussi je passais à autre chose, conforté par l'idée que, de toute façon, leur maman devait bien tout surveiller.

Lorsque j'entendais le mot scarification, j'avais l'image des soins que l'on prodiguait à mon père, très grand fumeur, lorsque nous étions en vacances d'hiver à la station de ski de l'Alpe d'Huez. Lorsqu'il était terriblement essoufflé, on posait en effet sur son dos des ventouses, sortes de petits pots de yaourt chauffés puis renversés ; la peau rougie se voyait ensuite incisée avec une lame de rasoir.

Je ne pouvais donc imaginer un sens différent. J'allais le découvrir à travers Marie-Anne malgré ses efforts de dissimulation. Mais, là encore, je n'ai pas pris la mesure du phénomène annonciateur d'un mal-être. Comment aurais-je pu le savoir ? Qui aurait dû m'informer ?

*

Lors d'une des nombreuses réunions de parents auxquelles j'assisterai par la suite, un papa se confia, avec moult détails, sur son histoire familiale, montrant combien il est difficile de comprendre les choses, combien nous sommes désemparés devant les situations et combien la famille et l'entourage peuvent être mis en danger. Ce papa raconta comment un simple coup de téléphone peut se transformer en sonnette d'alarme :

— Papa, viens vite, maman est sur le lit, elle n'arrive plus à respirer, c'est horrible.

— Que se passe-t-il ?

— Elle ne peut plus respirer, elle est en boule.

— J'arrive.

Il enfile son blouson et se rend chez la maman de sa fille.

Simultanément, il communique avec les pompiers afin de leur demander de venir d'urgence.

Heureusement, il n'habite qu'à quelques minutes en voiture. Dès son arrivée, une scène apocalyptique l'attend. Sa fille est en larmes devant sa mère qui cherche son souffle. Entre deux respirations, cette dernière essaie de s'exprimer :

— C'est horrible, dit-elle, je n'en peux plus, elle était dans la salle de bains, par terre, en train de se scarifier.

Comme moi, il ignorait que son enfant se tailladait les veines. Comme moi, même lorsqu'elle était en maillot de bain, il n'avait rien vu. Sommes-nous des idiots ?

Sa fille, elle, était en pleurs.

Furieux, il réagit ainsi que je le ferai, hélas, en dans d'autres circonstances – comme un con, agacé, énervé, sans empathie.

— Je ne le voulais pas. Je ne le voulais pas, répète sa fille.

— Si tu ne le veux pas, alors il faut arrêter, Hélène. Je ne comprends pas, tu fais du mal à ta maman et ensuite tu oses dire que tu ne voulais pas. Il y en a marre de ce cinéma, tu nous emmerdes.

Les pompiers, arrivés quelques minutes plus tard, emmèneront la maman à l'hôpital et l'adolescente restera dans l'appartement du papa cette nuit-là.

*

Une nuit vécue dans une ambiance exécrable. Car il en veut à sa fille.

Comme moi, il croit à la volonté, à la force, au combat, ne comprend pas et surtout ne l'écoute pas.

Scandalisé, il passe son temps à lui hurler dessus, de peur, bien sûr, mais surtout de colère face à ce qu'il voit comme un gâchis. Je me reconnais tellement dans ce genre de propos.

Il exige ainsi que la porte de la chambre de son enfant reste ouverte et lui lance mille fois, cette nuit-là :

— Tu n'es pas chez toi, ici. Ce n'est pas comme ça que ça marche. Tu dois faire ce que je veux. J'en ai marre de cette princesse qui a tout ce qu'elle souhaite et qui, en plus, se coupe les veines pour se rendre intéressante.

— Je veux rentrer chez maman pour l'attendre.

— Non, tu restes ici. Si tu ne voulais pas qu'elle parte avec les pompiers, il ne fallait pas nous infliger ce cinéma. J'en ai marre, marre.

*

C'est sans doute ce jour-là, en entendant ce récit courageusement fait devant des parents perdus, que j'ai pris conscience de la gravité de la situation. Mais, hélas, le processus chez Marie-Anne était déjà enclenché et je m'étais exclu de son accompagnement. J'avais senti qu'une crise se profilait entre ma fille et moi, mais sous-estimé l'immensité du problème.

*

Aujourd'hui, en avançant à travers les méandres de la maladie, la peur au ventre, je progresse dans la compréhension, l'écoute. Est-ce bien ? Je l'ignore. Toujours est-il qu'au départ je n'ai pas fait attention aux pulls à manches longues qui cachent les bras, ne me suis pas attardé sur le visage émacié, les jambes très maigres, les pantalons qui flottent.

Pourtant, un jour, dans l'entrebâillement d'une chemise, un pansement vite et mal fait attira mon attention. J'engagerai la conversation avec une approche totalement différente :

— C'est quoi ça, tu t'es coupée ?

— Non, papa, je me suis scarifiée.

Marie-Anne ne m'a jamais caché les symptômes du mal, une fois celui-ci détecté et qualifié par son médecin : médicaments, crises d'angoisse, crises d'anorexie, vomissements, rien ne m'a été épargné. Cette franchise – très violente – est paradoxalement rassurante pour le genre de père que je suis, même si elle ne changea pas, malheureusement, mon comportement idiot. Ainsi, j'ai eu l'impression de savoir ce qui se passait et de connaître l'état réel de la situation, sans mensonges. Pourtant, il arrivait que je me cache à moi-même la vérité trop violente : non, ma fille n'est pas malade, c'est une enfant gâtée, voilà tout.

Quel con !

Je ne dois pas céder aux images qui tournent dans ma tête.

— Tu as désinfecté ?

— Non.

— Pourquoi fais-tu cela ? Tu te punis ?

— Oui, je veux me faire mal de ce que je vis. J'ai honte, cela me soulage.

— Tu en as parlé à ton médecin ?

— Oui.

Voilà le mot magique, le refuge idéal : si le médecin est au courant, c'est lui qui gère, et lui sait mieux que moi. Et puis, s'il y avait un véritable danger, il m'avertirait n'est-ce pas, on me le dirait ? Je ne dois pas vouloir être thérapeute à la place des gens dont c'est le métier, telle est, alors, ma ligne de conduite. Quelle belle forme de lâcheté.

En fait, cette maladie pousse à encaisser toutes les vérités comme si de rien n'était. Lentement, l'escalade des mots, des situations, permet d'en apprendre et d'endurer plus encore.

Là où, habituellement, une coupure d'enfant vous amène à la soigner, la désinfecter, lui poser un pansement, ces troubles du comportement ramènent les automutilations à de simples événements de plus. Vous ne criez plus quand votre amour s'approche d'une lame de rasoir et devenez insensible à la voir se taillader les veines. Comme anesthésié contre les mauvaises nouvelles, comme cautérisé, vous aussi, à la douleur, aux images et à la souffrance.

C'est comme si j'étais devenu insensible, fou ou inconscient…

*

J'avance dans les stigmates que cette putain de maladie laisse sur ma fille, en essayant de ne pas me faire emporter à mon tour. Je dois paraître fort, et je le suis devant elle, pour ne pas – plus – dramatiser. Mais lentement, je ressens au fond de moi une immense destruction. Je fuis, lâchement, je ne veux pas voir. Je suis furieux contre la terre entière. Ma joie de vivre s'efface progressivement, l'attente de la prochaine mauvaise nouvelle, du prochain drame est tapie dans un coin. Je perds le contrôle, je suis comme une boule de flipper dans l'un des jeux électriques de mon enfance, j'avance, pris dans les coups, dans les rebonds, ballotté par la vie, sans autre direction que celle que me dictent les événements qui s'enchaînent.

Mes filles se tailladent les veines. Voilà la vérité ; elle est sous mes yeux, je ne hurle pas, je ne leur dis même pas de ne pas recommencer : j'encaisse.

5

L'art de la dissimulation

Marie-Anne

Je regarde le sang couler, parfois en abondance. J'ai mal. Je veux me punir de m'être fait vomir. C'est un cycle infernal dont je ne me souviens pas l'origine.

La pointe pénètre dans ma peau, elle pique, je l'enfonce jusqu'à ce que la première goutte rouge vif sorte de mon corps, comme une punition. En deux minutes, j'ai fini ma connerie.

Je me scarifie les avant-bras ou le ventre, de façon superficielle ; le but est de me faire souffrir, de me faire mal. Peut-être qu'en associant la douleur de la lame ou de la pointe qui cisaille ma peau à celle que me procurent les vomissements, j'arriverai à faire cesser les deux… Je garde espoir.

Je dois préciser que j'ai horreur de souffrir.

Par conséquent, une routine s'installe… Des larmes, des sanglots, une respiration saccadée. Je m'enferme dans les toilettes pour vomir, en pleurs, et comme je m'en veux, que je me sens mal, je tiens à me punir de cet acte. Je culpabilise de me faire vomir, et pourtant, sortir tous les aliments de mon corps afin de ne pas grossir constitue à mes yeux une réelle délivrance, un soulagement.

Je fais preuve de beaucoup d'imagination : j'utilise des compas, des ciseaux à ongles, des couteaux, tout dépend de ce que j'ai sous la main. Les lieux, eux, seront toujours les mêmes, ritualisés. Soit dans la salle de bains, assise sur la petite marche qui mène à la baignoire, soit dans ma chambre, pièce collée à celle de maman au premier étage de la maison que nous habitons à l'époque, à Chennevières-sur-Marne. Mais toujours assise et toujours dos à la porte. Car j'ai honte et je voudrais que jamais maman ou ma sœur ne rentre et me surprenne en train de faire ça… Je les décevrais et je ne peux le concevoir. Pourtant, je continue. Mystère de mon mal-être.

*

C'est donc au quotidien que je camoufle mes blessures. L'hiver, la tâche est plutôt simple, je mets des pulls et des T-shirts à manches longues qui dissimulent les marques sur mes poignets ou mon ventre. L'été demandera plus d'ingéniosité…

La solution viendra de la petite boîte rose que maman m'a offerte lorsque nous étions aux États-Unis et qui fait entendre de la musique quand je l'ouvre.

Des bracelets emportés avec moi durant le déménagement me permettront de recouvrir mes blessures et de ne pas attirer l'attention sur mes bêtises.

Au fur et à mesure, je trouverai plus simple et beaucoup moins risqué d'entailler la graisse qui recouvre mon ventre, cachée sous cette peau fine et sensible, comme si, en pratiquant ainsi, j'avais un espoir de la faire disparaître...

*

Si les scarifications vont s'arrêter peu à peu, les vomissements, eux, se poursuivront et font encore aujourd'hui partie de mon quotidien, bien que j'essaie, avec le temps, de les limiter. Il m'a fallu apprendre à dissimuler cette « maigreur » qui interpelle et fait s'immiscer mes proches dans mes crises d'anorexie. Je ne veux pas alarmer tout le monde, je veux qu'on me laisse maigrir pour tenter d'accepter ce corps dans lequel sont logés mon âme et mon esprit. Il ne faut pas se mentir, si je dissimule, c'est pour avoir la paix. Mais quand je me regarde dans un miroir, je veux maigrir car cette silhouette « si moche » présente encore trop de graisse.

*

Dissimuler le haut de mon corps ne pose pas de problème : T-shirts amples ou pulls épais cachent parfaitement les formes. Pour le bas, tout dépendra de mon poids ; parfois un legging épais suffira ; à d'autres moments, enfiler deux pantalons l'un au-dessus de l'autre aidera à garder l'illusion.

Je ne supporte plus ceux qui se permettent des commentaires sur ma silhouette sans savoir de quoi il s'agit.

*

En période de crise, il y a aussi cette voix, toujours plus ou moins présente, qui me dit d'aller plus loin : de perdre plus, de manger moins, de bouger encore. Lorsque j'avale quelque chose, lancinante elle me rappelle à l'ordre et me susurre que cette bouchée me fera grossir, que demain, lors de la pesée matinale, j'aurai pris des graisses ou pas perdu de poids. On pense contrôler la maladie mais il n'en est rien : c'est elle qui vous contrôle. Plus : elle vous domine.

6

Je n'ai rien vu

Pierre

Je n'ai rien vu, rien. Certains pourront rétorquer que c'est parce que je ne regardais pas assez mes filles, puisqu'elles se sont scarifiées... Peut-être. Mais jamais je ne suis dans le déni. Aujourd'hui, je sais que Marie-Anne est anorexique et qu'elle n'est pas complètement sortie de la maladie. Je l'accepte parce que j'en ai été informé *a posteriori* et que je peux en parler, que des médecins ont demandé à me voir, même si personne ne m'a jamais rien expliqué des scarifications et de ses souffrances. Personne ne m'a averti au bon moment. Certes, j'aurais dû scruter les moindres parcelles de sa peau, mais pourquoi une telle attitude ? Parce que je m'inquiète et m'emporte trop ? Parce que je suis un père, un homme, et qu'il s'agirait d'un sujet de femmes ? Parce que je n'ai pas eu la bonne écoute lors des réunions chez les médecins ou encore lors des séances réservées aux familles ?

*

Par tradition, à leur dix-huitième anniversaire, j'offre à chacune de mes filles un beau bracelet.

Comme elles le portent toujours, mon regard est souvent attiré vers leur poignet. Pourtant, je n'ai jamais remarqué la moindre trace, ni là, ni ailleurs.

Nous avons passé nombre de vacances ensemble au bord de l'eau, où Marie-Anne était en maillot de bain, et je n'ai rien vu non plus.

Que pouvais-je faire face à un mal que j'ignorais ? Cette maladie serait-elle symbolique de notre époque ? Pourquoi personne ne m'a alerté ? Pourquoi personne ne m'a montré discrètement les cicatrices qui striaient l'épiderme ? Parce que personne ne regarde ni ne s'intéresse aux autres ? Parce qu'on est renfermé sur soi ? Parce que dire quelque chose reviendrait à s'occuper de ce qui ne vous regarde pas ? Et quand bien même m'aurait-on averti, qu'aurais-je fait de plus ?

Je suis donc passé par toutes les étapes : la colère, les sanctions, la compassion, la tristesse, la complicité, l'éloignement, l'accompagnement silencieux, le « je ne veux pas voir ».

*

Au début de sa maladie, alors que Marie-Anne va de médecin en médecin, on me demande d'assister à un rendez-vous chez le psychiatre, avec elle et sa maman. Au cours de l'entretien, son médecin m'a donné ce conseil comminatoire plein de reproche : « Et si vous vous taisiez ! »

Lorsque j'ai été averti de ses problèmes, j'ai cru prendre les choses en mains. Mal, au début, mais je les ai prises. Ensuite, j'ai surveillé les poignets, parlé aux médecins – sans grand succès, d'ailleurs, et je déplore les réactions du monde médical, averti bien sûr des symptômes fréquemment associés à ceux des troubles du comportement alimentaire, mais qui préfère souvent se taire – du moins c'est ce que je ressens. Aujourd'hui, je connais les « astuces de dissimulation » tels les bracelets, les pulls à manches longues, les deux pantalons enfilés l'un sur l'autre, etc. Je suis plus informé, au moins. Et attentif.

*

Lors d'une réunion de parents, une maman racontera cette anecdote que j'aurais pu vivre :

Alors qu'elle allait chercher sa fille en scooter, elle lui demanda :

— Chérie, tu es sûre que tu peux monter sur le scooter ? Tu as assez de force pour te tenir ?

— Oui, oui, ça va aller. On y va ?

— Mais tu as vu ton état ? Tu es si mince, tu n'as plus de fesses, tes jambes sont terriblement maigres, je ne sais pas si c'est raisonnable. S'il y a un trou sur la route, vas-tu avoir la force de te tenir ?

— Tu vois, maman, tu dis toujours que l'on peut parler mais si j'avais mis deux pantalons tu n'aurais rien vu, donc rien dit et là je n'aurais pas à supporter cette conversation. Tu veux que je remonte mettre deux pantalons ?

Dialogue de sourds, prise de tête permanente, difficultés à affronter la vérité. Comment ne pas réagir devant ce que nous avons sous les yeux ? Qui peut nous conseiller ? Nous sommes totalement désorientés.

Mon médecin psychiatre me dira, de son côté, qu'il est essentiel de montrer mon amour ! Mais dois-je le montrer en dissimulant ce que je ressens, en cachant la peur qui m'envahit lorsque je découvre ma fille affaiblie ?

Être parent est un sacerdoce magnifique. Personnellement, je n'ai jamais eu peur de « sortir » avec ma fille, je l'aime comme elle est, et c'est la même chose pour ses sœurs. Mais dans ce genre de situation, qu'aurais-je fait ? Accepter un corps tout maigre ne revient-il pas à cautionner la maladie ? Prendre des mesures de contraintes, qui ne serviront à rien, n'est-ce pas faire souffrir davantage et essayer de se donner bonne conscience ? Je suis perdu.

*

Parler à des tiers ne sert pas à grand-chose, tant, devant un corps qui veut maigrir et fuir la vie, chaque interlocuteur a sa solution. Un médecin exceptionnel, un hypnothérapeute, un village social, un acupuncteur, un psychiatre, un centre, un hôpital… autant de formules auxquelles on aimerait croire mais qui ne montrent qu'une chose : d'après une étude, 10 % de la population française est touchée par ce mal du siècle, de l'image, du paraître.

Et ma fille en fait partie.

7

Une nouvelle vie en France

Pierre

J'ai connu bien des moments sombres, traversé beaucoup d'épreuves, accumulé pas mal d'ennuis. Et j'ai pour habitude d'admettre que j'ai mérité de passer par certaines cases particulièrement pénibles, instants durs qui m'ont aidé à grandir. Toutefois, mes enfants, ma famille, n'y étaient pour rien. Une fois sorti de détention, loin de l'isolement de ma cellule, j'ai pris conscience que mes proches – et en particulier mes filles – avaient subi les répercussions de cette situation. Que ce soit à l'école ou dans la rue, partout où les médias ne font aucune différence entre l'homme et les siens.

Très rapidement, avec l'aide du peu d'amis très fidèles qui me restaient, j'ai pris la décision d'envoyer mes deux premiers enfants aux États-Unis afin de les protéger de la reconstruction indispensable que j'allais devoir mener. Pour moi, bien sûr, mais essentiellement pour elles. Inutile, pensais-je, de les garder auprès de ce père shooté aux anxiolytiques et aux antidépresseurs, qui allait passer bien plus de temps avec un psy qu'en leur compagnie. En outre, ma vie privée avait changé, tout avait été massacré par mes erreurs et leurs conséquences.

Or lorsque Anne-Valérie, la maman de Marie-Sophie et Marie-Anne, a décidé de rentrer en France avec elles, ce ne sont pas des petites filles que j'ai retrouvées mais deux adolescentes, qui plus est américaines dans leur façon de penser et de vivre.

Tout avait changé dans leur existence. Et dans la mienne, aussi : j'étais désormais séparé de la sœur d'Anne-Valérie et je vivais avec une jeune femme de vingt-sept ans de moins que moi rencontrée au Festival de Cannes. C'est avec elle que j'ai accueilli mes deux grandes – et leur chien – à l'aéroport de Nice pour un premier sas de décompression au bord de la Méditerranée avant de rejoindre la région parisienne.

Tout à ma reconstruction, à mes combats divers et variés, à ma vie personnelle, il m'a fallu tisser une relation affective avec mes enfants et gérer toutes les femmes, auxquelles je dois tant, qui m'entourent. Pourtant, rien ne changea beaucoup. De quel droit aurais-je pu m'immiscer dans leur existence, décider du lieu de leurs études alors que je n'étais plus, depuis sept ans, qu'un « papa-téléphone », qui plus est à heures fixes à cause du décalage horaire ? Je n'avais jamais participé au choix de leur école en Floride, pourquoi me serais-je permis de donner mon avis sur celui de leur établissement en France ?

Néanmoins, j'aurais dû le faire… Car après un passage par le collège, elles ont atterri à Juilly, dans un lycée largement composé de fils et filles d'ambassadeurs, de familles aisées de la bourgeoisie parisienne. Or c'est plus tard seulement que je comprendrais que les dogmes, règles et mentalités inhérents à ces lieux sont terribles. La guerre de l'image, du physique, des codes et de la minceur y est absolument ignoble…

8

Premier amour

Marie-Anne

C'est l'année de mes 13 ans que je vais être séparée de ma sœur pour la première fois. Elle intègre l'internat de Juilly, en Seine-et-Marne, à côté de Paris. Et moi, la semaine, je me retrouve seule avec maman. Chaque vendredi soir, nous partons récupérer Marie-Sophie à la descente du car, place de la Nation, pour passer le week-end dans ce qui était déjà notre cocon familial à Miami : maman, ma sœur, les chiens et moi. Mais quelque chose s'est brisé.

*

Parfois – et c'est nouveau dans la relation avec mon père –, celui-ci nous emmène le week-end à Eurodisney ou dans son appartement du 17e arrondissement. Là, nous partageons, mes sœurs et moi, une chambre donnant sur l'hôtel Concorde-Lafayette de la Porte Maillot. Marie-Sophie et moi dans des lits superposés – elle en bas, moi en haut –, notre petite sœur Marie-Suzanne sur un lit à côté. La seule chose dont je me souvienne vraiment, c'est qu'il me faut transporter mon doudou de maison en maison.

Là-bas, nous n'avons aucun rituel, aucune habitude particulière, pas le moindre repère. Si ce n'est la compagne de papa. Une jeune femme de 22 ans qui partage sa vie depuis deux ans. Grande, mince, avec de longs cheveux châtains, les yeux bleus, elle est incroyablement calme, douce et gentille, ce qui compense le caractère colérique et impulsif de mon père. Comme Marie-Sophie et moi sommes collées l'une à l'autre en permanence, elle s'occupe surtout de Marie-Suzanne.

Quand nous ne sommes pas chez notre père, nous dédions nos week-ends à notre passion : l'équitation, avec Hercule, notre cheval.

*

À l'époque, j'en veux beaucoup à maman de nous avoir fait quitter les États-Unis pour nous rapprocher de papa. Lorsque nous vivions en Floride, nous le voyions toutes les trois semaines environ, à l'occasion de ses brefs passages sur le territoire américain. Nous en avons gardé des souvenirs anecdotiques, mais rien de plus : une churrascaria brésilienne où la viande était à volonté, l'hôtel avec une grande piscine où il logeait parfois... Et quand il n'a plus eu l'autorisation d'entrer aux États-Unis, nous l'avons retrouvé aux Bahamas, à l'hôtel Atlantis, au Canada à Montréal, au Salvador chez nos amis d'école, Diane et Isabelle. Quelle chance, pourraient penser certains, que ces destinations de rêve ! Soit. Mais pour moi elles n'étaient qu'un moyen nécessaire – voire obligatoire – pour tenter d'entretenir une relation père-filles... En rentrant en France, maman pensait que nous parviendrions à tisser des liens d'une autre nature avec lui, mais rien ne se déroula comme elle l'avait espéré. J'avais même l'impression de subir certains week-ends auprès de lui alors que je ne pensais qu'à passer du temps avec les chevaux... Maman, toujours à notre disposition et à notre écoute, venait nous chercher bien avant l'heure prévue, histoire de nous libérer de la tension ambiante.

Je ne garde que de mauvais souvenirs de l'année vécue loin de ma sœur, une année de solitude sans autre complicité que celle de mes chiens. Maman, très souvent absente, travaillait avec mon père. Dès la fin de l'année scolaire, j'ai donc demandé à mes parents de me laisser rejoindre Marie-Sophie à Juilly pour la rentrée suivante.

*

J'entre donc en seconde à l'internat, à l'âge de 14 ans, et découvre cet établissement réservé, disons-le, aux enfants de familles aisées. Comme il n'est mixte que depuis trois ans, nous sommes très peu de jeunes filles, toutes taillées du même bois : minces, voire maigres, soucieuses de leur apparence et de celle des autres, issues de familles bourgeoises aux codes bien éloignés de ceux de notre vie en Floride. Je me souviens de ne pas avoir voulu me distinguer d'elles et donc, bien malgré moi, de m'être comparée sans cesse à elles. Mais je ne pouvais participer à leurs conversations, qui tournaient quasi exclusivement autour de leurs soirées entre enfants de bonne famille où l'alcool et les drogues semblaient régner en maîtres.

Je me sens alors incroyablement préservée par l'éducation de ma mère et ma passion pour l'équitation. Je suis loin, très loin des préoccupations des autres élèves et ne pense qu'à une chose : retrouver ma sœur, qui est mon pilier, mon repère, ma complice. Après de nombreuses et douloureuses négociations avec la direction de l'établissement, je réussis enfin à partager son dortoir, avec deux autres filles. Sous sa protection, je conserve un certain équilibre alimentaire, encadrée en outre par un emploi du temps aussi rigoureux qu'organisé.

*

Les journées sont rythmées de façon millimétrée : se lever, s'habiller – en respectant, bien sûr, le code vestimentaire de Juilly qui exclue jeans et baskets au profit d'un chemisier, d'un polo à col et de chaussures de villes –, toilette, marche pour aller retrouver la cantine et les petits déjeuners équilibrés composés au choix de céréales, de pain et confiture, de fruits, de yaourts, de lait, de thé ou de café. Les cours commencent à 8 h 30 jusqu'au déjeuner, pris en réfectoire. Je sais que c'est à cette période que mon rapport à la nourriture, même si je ne me l'avoue pas, devient compliqué. À l'heure du déjeuner, je remplis difficilement mon plateau.

L'après-midi, reprise des cours jusqu'à 16 heures pour le goûter avec distribution par les surveillants de pain et de barres de chocolat noir. Retour en classe, jusqu'à 17 ou 18 h 30, puis études jusqu'à 19 h 30. Dîner sur le même principe que le déjeuner pour finir la journée par une étude surveillée.

J'attendais avec impatience de pouvoir réintégrer le dortoir, profiter d'une douche salvatrice et poursuivre une énième discussion avec ma sœur et ses ami(e)s. Je vivais dans une bulle, rythmée, protégée, en compagnie de Marie-Sophie avec laquelle je partageais tout, y compris ses amis plus âgés dont un bel Antoine.

*

Antoine était en cours avec ma sœur mais, cette année-là, il redouble sa première dans ma classe. Beau garçon brun, aux yeux marron, il fume, et pas seulement des cigarettes – comme nombre d'élèves de l'internat de Juilly. C'est dans ses bras que je découvre les premiers émois sentimentaux et même amoureux. Le plaisir de me retrouver protégée, de l'embrasser, de l'aimer, je le savoure.

Toutefois, ses baisers vont être lourds de conséquences. Lors d'un séjour chez sa mère, pendant les vacances scolaires, il attrape la mononucléose. À son retour, il me la transmet et je tombe malade moi aussi.

Il me racontera ne pas savoir comment il l'a contractée tout en précisant qu'une de ses « amies » était atteinte par ce que l'on appelle communément la maladie des amoureux.

M'aurait-il trahie ? Le doute s'installe en moi, je m'interroge sur son amour, sa fidélité... et le cercle infernal recommence. Je me compare aux autres, recommence à me peser, me trouve trop grosse. J'analyse la quantité de graisse présente sur mon corps en me tâtant et en pinçant ma peau.

Suite à cette trahison supposée, j'ai une énorme angine blanche, qui durera longtemps. Une prise de sang confirme la mononucléose et je vais rester plongée dans un sommeil permanent. Au point de devenir la belle au bois dormant de Juilly. Jusqu'à ce que l'infirmière scolaire considère que je ne peux plus poursuivre ma scolarité, étant trop faible et trop contagieuse.

9

Juilly de tous les dangers

Marie-Sophie

En rentrant de Miami, j'ai découvert l'école en France avec Marie-Anne. C'était à Petit Val, l'établissement d'enseignement secondaire de Sucy-en-Brie mais j'avais envie de me retrouver en internat, alors que ma sœur, elle, ne voulait pas quitter le foyer maternel auquel elle était très attachée. Elle est donc restée une année et demie seule, avec notre mère, tandis que, de mon côté, je découvrais les joies de l'internat au collège de Juilly.

Partager une chambre avec cinq filles, développer une ambiance de camaraderie, supporter les contraintes liées à l'internat ne me gênait en rien. Au contraire, cela me permettait de gagner en indépendance et d'éviter un tête-à-tête complexe avec ma mère. C'est donc seule que je fis mon « trou » dans l'établissement.

Et puis, lors du passage en seconde, Marie-Anne souhaita venir me retrouver. Et, je l'avoue, ce fut un plaisir. Étant déjà une « ancienne », j'ai réussi à obtenir qu'elle loge dans la même chambre dortoir que moi. Où il y avait cinq lits dont trois seulement étaient occupés : par Camille, Juliana et moi. Marie-Anne vint donc rejoindre le groupe.

*

Pour moi, tout se passait idéalement, je retrouvai une complicité forte avec ma sœur malgré nos deux ans et demi d'écart, et l'adaptation fut parfaite. Il n'y avait donc aucun problème.

Marie-Anne entama bientôt une relation sentimentale avec Antoine, un camarade de ma classe que je connaissais et fréquentais comme ami.

Mais bientôt une vérité m'apparut : ce garçon était totalement différent de celui que je connaissais puisque je le découvrais manipulateur et très possessif. Peu à peu, il eut de l'emprise sur ma sœur.

Cela ne me regardait pas, même si ça me déplaisait et si je sentais que rien de bon ne sortirait de leur relation ; je refusais de m'immiscer dans la vie amoureuse de ma cadette.

L'avenir me donnera malheureusement raison… et tort.

10

L'amour comme garde-fou

Pierre

Je ne me suis jamais inquiété des amours de mes enfants durant leur adolescence. Ce fut vrai pour mes deux aînées comme pour la dernière.

Ainsi, c'est Anne-Valérie, ma première épouse, qui m'alerta sur la fréquentation assidue entre un homme, aux écuries, et mon aînée, considérant que ce dernier prenait trop de place dans la vie de Marie-Sophie. De mon côté, j'avais peur qu'il ne s'agisse d'un jugement de « classe », ayant beaucoup d'admiration pour lui, soudeur de métier, travailleur, qui s'occupe et supporte le caractère parfois raide de ma fille. Je me souviens même de lui avoir glissé : « Au moins, toi, tu as un métier, ce qui n'est pas mon cas. »

Ils se sont mariés à l'été 2018 et attendent un enfant pour la rentrée 2019. Et je m'en réjouis.

Je suis en tout cas toujours ébahi par les parents fiers du mariage de leur enfant avec Unetelle ou Untel, ne cessant de vanter les qualités, la fortune de la belle-famille ou encore l'avenir professionnel voire les études du futur conjoint. Chez moi, c'était pareil : rarement on parlait d'amour, de gentillesse, de bonheur, mais de choses liées à l'image du clan. Comme si c'était un devoir, une obligation d'aimer une femme ou un homme du même milieu. Si le bonheur allait vraiment de pair avec le milieu social, le niveau culturel, la religion ou la fortune, nous ne verrions pas autant de catastrophes dans les couples.

*

Je n'ai eu connaissance de la vie amoureuse de ma deuxième fille, Marie-Anne, qu'à l'occasion d'un match de foot de la Ligue des Champions à Bordeaux, entre l'équipe locale et mon club d'enfance, l'Olympique Lyonnais, présidé par mon ami Jean-Michel Aulas, où elle me présenta un grand jeune homme. Leur relation était en bout de course – Marie-Anne elle-même me le confiera – et il fumait du haschich – ce qui ne me plaisait pas du tout, ayant de l'aversion pour toutes les drogues que j'ai vues emporter nombre de mes amis.

Pour autant, je ne voulus pas m'en mêler. Qui suis-je pour me le permettre ? Mon parcours parle-t-il de lui-même ? J'ai horreur des conventions. Alors, lâchement, je laisse faire, tout en écoutant et m'exprimant avec franchise.

11

Paris, Disney, Paris

Pierre

Mes filles rentrées des États-Unis, les choses se mettent en place tant bien que mal. Lorsqu'elles sont au lycée de Sucy-en-Brie je ne les vois guère. Elles commencent ensemble dans cet établissement, mais vite Marie-Sophie souhaite être interne ; moi je ne me pose pas de question : Anne-Valérie gère tout, je m'efforce de financer, de suivre et de ne pas gêner.

Nous voilà donc à Juilly, institution parisienne où des enfants d'ambassadeurs, de familles catholiques ou prestigieuses ont fait leurs études.

Pour l'instant, Marie-Anne ne souhaite pas suivre sa sœur en internat.

Cela durera six mois, avant qu'elle ne décide de la rejoindre. Là encore, je n'ose aucune interrogation, m'efforçant « juste » de faciliter la mise en place. Même si je sens bien que, de toute façon, on me reprochera quelque chose et notamment de vivre mon histoire d'amour avec ma jeune compagne d'alors, de ne jamais voir mes enfants seules, de devoir partager mon temps entre mon couple, mon travail et ma vie de père.

Mes enfants se rendent-elles compte d'où je viens, de ce qu'il a fallu que je fasse pour travailler sur moi-même, pour assumer mes fautes, retrouver un semblant de crédibilité afin de recouvrer la confiance de mes clients ? Ce ne sont pas des mots, mais des actes de chaque jour avec, en face de moi, sur le marché des pharmacies, des concurrents italiens, allemands, des entreprises françaises qui cherchent à me « défoncer » commercialement en ressortant les coupures de journaux de l'époque de l'affaire Noir-Botton.

Chaque jour, chaque minute je bataille pour arriver à subvenir aux besoins de toutes. Et, comme dans un avion, lorsque les masques à oxygène tombent, je dois d'abord enfiler le mien pour ensuite arriver à m'occuper des autres. Je le reconnais bien volontiers, j'ai un amour fou pour mes filles, mais j'ai honte devant elles, qui reflètent les conséquences de mes actes passés et me mettent, malgré elles, face à tout le chemin qu'il reste encore à parcourir.

Sans aucun doute, il était plus simple, plus confortable même, pour moi d'avoir et savoir mes enfants loin, aux États-Unis. Hormis le coup de téléphone quotidien, à 14 heures, heure française – leur départ à l'école – j'étais totalement libre de mener le combat professionnel qu'il me fallait livrer.

J'étais ce que mes filles appelaient « un papa-téléphone ».

Tous les mois, je prenais l'avion pour les voir durant une, parfois deux semaines d'affilée et cette situation me convenait parfaitement.

*

Marie-Anne suivit sa sœur à Juilly, mais celle-ci partit après au lycée Condorcet, abandonnant sa cadette qui la retrouvera au moment du baccalauréat. Là-encore, toujours avec mon raisonnement basique et bête, je me dis que le bac étant obtenu avec un an d'avance, ce que l'on me rapporte, par bribes, de sa santé, notamment les séjours prolongés chez sa maman à cause de sa grande fatigue, ne sont que les aléas d'une adolescente difficile, intelligente et affectivement demandeuse. Mais qu'il n'y a pas de quoi fouetter un cheval.

*

Lorsque mes filles ne sont pas à Juilly, je les emmène presque tous les week-ends à Disney avec l'espoir d'essayer de créer une cohésion familiale entre les deux aînées et leur demi-sœur, nées de deux lits différents. En voyant les grandes s'occuper de la petite dernière, rire, être complices – la plupart du temps contre moi, c'est vrai – et donner l'apparence du bonheur, j'y crois.

Pour autant je ne vis pas ces fins de semaine comme de vrais moments de bonheur familial. Elles représentent plus pour moi une contrainte, une obligation, moi le pataud avec les enfants qui peine à endosser le rôle de père. Qui plus est avec mes filles que je n'ai pas vues grandir, qui ont une culture américaine, qui sont élevées par leur mère dans une éducation classique, très structurante. Je me retrouve donc à devoir courir entre les activités de la dernière dont j'évite la maman, et celles de mes deux grandes qui, même si elles aiment Marie-Suzanne, n'ont pas apprécié le fait que j'aie eu un enfant avec leur tante.

*

Une fois le baccalauréat obtenu, Marie-Sophie et Marie-Anne, presque jumelles, décident de faire pharmacie. Sans enthousiasme à vrai dire. Elles s'installent dans un petit studio situé dans mon immeuble, plus pour des raisons pratiques que par désir de se rapprocher de moi. Du reste, on ne se voit pas plus souvent malgré cette proximité physique.

Le regrettent-elles ? Je l'ignore.

12

Une première relation toxique

Marie-Sophie

Antoine, Marie-Anne et moi nous retrouvons au self pour déjeuner.

Depuis plusieurs semaines, ma sœur, malade, se plaint de maux de gorge et d'une grande fatigue. Je m'adresse donc à son boy-friend :

— Tu as certainement contaminé ma sœur.

Pour seule réponse il part dans un grand éclat de rire. Ce qui me fait sortir de mes gonds. Je me lève et prends mon plateau :

— Je préfère quitter cette table, car cela va mal finir.

Antoine ne trouve rien d'autre à répondre que :

— C'est cela, casse-toi !

Mon sang ne fait qu'un tour, je retourne à la table et lui assène, devant tout le monde, une gifle magistrale. Ma sœur ne réagit pas, comprenant que j'ai raison.

*

Depuis cet aveu, je ne lui parle plus. Ce qui lui laisse toute possibilité pour manipuler Marie-Anne. Reste que mes intuitions étaient justes puisque, quelques jours après cet éclat, on détecte chez elle une mononucléose. Elle doit retourner chez maman pendant trois semaines.

Trois semaines durant lesquelles je la vois maigrir, attraper d'énormes ganglions l'empêchant d'avaler quoi que soit, si ce n'est au prix d'une intense douleur. À aucun moment je ne suspecte ou me pose la question d'un éventuel trouble alimentaire.

*

Je passe le baccalauréat, échoue et me retrouve au lycée Condorcet de La Varenne-Saint-Hilaire. Marie-Anne poursuit, seule, son internat à Juilly.

Et en milieu d'année scolaire, le scénario se répète.

Malgré la poursuite de sa relation toxique avec Antoine, elle décide de venir me rejoindre en terminale. Nous ne sommes pas dans la même classe mais nous nous retrouvons à chaque pause.

Toujours aucun indice ne vient me mettre la puce à l'oreille. Sauf un, plus tard, qui me reviendra ensuite à l'esprit.

On déjeunait avec notre mère à la maison, quand Marie-Anne se leva de table à la fin du repas. Maman lui demanda :

— Marie-Anne, tu ne vas pas à la salle de bains ?

La phrase m'avait interpellée, mais c'est aujourd'hui que je la comprends mieux : elle était lourde de sens ; ma mère savait que quelque chose d'anormal se produisait.

13

Mon *annus horribilis*

Marie-Anne

Avec cette mononucléose, me voilà de retour à la maison. Je passe mes journées à dormir, ne mange rien et maigris. Maigris. Maigris encore.

Pendant un trimestre, je suis des traitements fastidieux, toujours avec l'impossibilité de déglutir.

Mon amoureux, resté à Juilly la semaine, vient à mon chevet chaque week-end. Lentement, je sors de la mononucléose mais malheureusement pas de l'anorexie.

Après cette absence de trois mois, je dois affronter les épreuves anticipées du bac de français ; c'est très difficile mais je valide et passe en terminale scientifique. Marie-Sophie, quant à elle, rate son baccalauréat et redouble au lycée Condorcet, à La Varenne-Saint-Hilaire, dans le Val-de-Marne. Nous voilà encore séparées.

*

Cette nouvelle année sera une *annus horribilis*, pour reprendre une phrase de la reine d'Angleterre.

Je perds à la fois ma sœur mais également Maya, ma chienne préférée. Maya, qui m'avait accompagnée durant l'incarcération de mon père, qui m'accueillait chaque soir au retour de l'école à Miami, que l'on transportait tous les étés outre-Atlantique pour venir passer les vacances à Cannes dans la maison familiale, qui gardait les foyers, me protégeait, dormait dans ma chambre. Maya qui, sans que je dise quoi que ce soit, ressentait mes émotions, me comprenait, me reniflait de sa truffe froide pour offrir la chaleur qui me manquait.

*

En septembre, je me retrouve donc seule à Juilly. Le premier trimestre est catastrophique. Je ne mange plus, si ce n'est un bout de pain de temps en temps, histoire de tenir. Tout le monde le voit mais personne ne s'en alarme. Pourtant, les malaises vont se succéder. Et mon poids dégringoler. Devant ce qui s'annonce comme une catastrophe, maman décide de me retirer de l'école pour me ramener auprès de ma sœur.

Me voilà donc au sein du même établissement que Marie-Sophie, toutes deux en terminale mais dans deux classes différentes. Grâce à notre mère, nous montons à cheval ensemble dès que possible, même le soir après les cours. Nous sommes de nouveau réunies, sans cesse l'une avec l'autre. J'ai retrouvé mon pilier, je reprends du poids, essentiellement sous la pression de cette grande sœur incroyable, mais aussi pour avoir de nouveau la force de monter à cheval.

Parallèlement, je fais d'énormes efforts pour m'alimenter, même si, à chaque repas, et particulièrement au dîner, lorsque maman nous appelle pour venir à table, je ne peux m'empêcher de répondre : « Je n'ai pas faim. »

*

Et où se trouve mon père, pendant ce temps ?

Franchement, je l'ignore, n'en ai même aucun souvenir. Je sais que nous passions parfois quelques week-ends chez lui. Mais je ne me rappelle pas avoir été serrée dans ses bras, avoir vu un peu de compassion dans son regard.

Cela ne signifie pas une absence totale, mais il reste toujours un « papa-téléphone » qui dit « je vous aime » à travers le fil mais ne le prouve pas par les actes, sauf à nous permettre financièrement de n'être privées de rien et de faire ce que nous aimons. Ce qui est déjà énorme, c'est exact.

Le soir, presque chaque soir, comme un rituel, je « partage » donc papa, par téléphone, avec ma sœur. Mais comment exprimer sa souffrance, sa douleur, ses émotions à quelqu'un qui n'a aucune relation de proximité ou de goût commun avec vous ? Il n'aime pas le cheval, se bat pour reconstruire son entreprise, vit son amour avec sa jeune compagne et sa paternité tardive avec Marie-Suzanne qu'il voit plus souvent que nous – un week-end sur deux.

Mais comme j'ai été élevée ainsi, cette présence-absence est devenue une habitude ; je ne me pose aucune question. Il nous disait d'ailleurs, à ma sœur et moi, qu'il n'était pas un « papa comme les autres » et qu'il n'y avait pas « d'école pour être parent ».

Jamais on ne ressent le manque de quelque chose qu'on n'a pas connu. Et comme notre mère a toujours protégé les actes de notre père en valorisant ce qu'il faisait… Mais le manque, je l'ai compris plus tard, existait bel et bien.

En repensant à cette période, la tête me tourne, l'envie de vomir me reprend, les larmes coulent lentement sur mes joues.

J'ai mal. Je souffre encore.

14

La maladie rôde toujours

Marie-Anne

Les années s'écoulent, je m'alimente à peu près « normalement », mais continue à me faire vomir dès que je mange trop, sous peine de culpabiliser. Personne ne s'en rend compte. Enfin, je soupçonne maman de le deviner mais de fermer les yeux afin d'essayer de faire disparaître une réalité trop gênante.

J'ai pris soin de supprimer de mon alimentation certains produits qui me dégoûtent et ne « passent » pas. La viande rouge d'abord, dont je ne supporte plus ni la vue ni l'odeur et encore moins la texture. Je n'en consomme pas du tout – et cela n'a rien à voir avec mes convictions en faveur de la protection des animaux. Ensuite, les féculents – les pommes de terre, les pâtes et le riz – passent à la trappe, car je pense qu'ils me font grossir, alors que, contre toute attente, et objectivement, je m'apercevrai plus tard que lorsque j'en mange à midi cela maintient mon poids. Je préfère les remplacer par des haricots verts, des brocolis et des épinards, sans crème, car les produits laitiers me rendent malade. Eux aussi, je les bannis.

Ainsi, le matin je me prépare des flocons d'avoine avec du lait végétal, à midi des légumes accompagnés de poulet et le soir rien du tout. Mais personne ne se doute de quoi que ce soit qui friserait la pathologie. Nous vivons dans une société où chacun a tellement pris l'habitude de faire attention à l'alimentation pour préserver sa ligne et ressembler à tout le monde afin d'entrer dans les normes que la minceur est quasi institutionnalisée… alors que tous – gros et maigres – souffrent de ces normes imposées. À table, nous sommes trois : maman, Marie-Sophie et moi. Personne ne me dit rien. Pas de remarque insistante de ma mère, aucune pression. Je conserve encore aujourd'hui le doute sur la prise de conscience de ma sœur. Je pense qu'elle percevait des choses, des signes, mais ne s'y attardait pas, laissant se succéder les repas. Et j'ignore la teneur des discussions entre elles deux.

*

Une autre étape importante se profile : nous entrons, Marie-Sophie et moi, en faculté de pharmacie, et allons nous installer ensemble dans le même immeuble que papa.

Là, nous occupons un petit studio sur cour avec cuisine et salle de bains. Les lits – superposés – et nos deux bureaux constituent les éléments principaux du mobilier. Nous prenons nos repas, préparés avec soin par ma sœur, sur une mini-table basse, assises sur le petit canapé, devant la télévision. Pour la première fois, nous sommes toutes les deux dans un appartement : j'en garde un souvenir de sérénité. Pour ce qui concerne la faculté de pharmacie, on n'y mettra guère les pieds, préférant monter et soigner Quim, notre nouvelle jument alezane, tout en finesse et en élégance avec ses longues pattes aux « chaussettes » blanches.

Les résultats des examens de la première année sont à l'image de notre implication : toutes deux échouons avec des notes que nous estimons inutile de consulter.

Malgré la proximité géographique, les rapports avec notre père se limitent à quelques minutes passées ensemble de-ci, de-là dans la semaine, rien durant les week-ends vécus exclusivement avec maman. Toutefois, nous continuons à voyager en Europe avec lui, notre demi-sœur Marie-Suzanne et sa compagne.

Après une autre année d'études à ce rythme, la sentence tombe : second échec. Il faut avouer que nous avions totalement arrêté de nous rendre à la fac et donc jugé sans intérêt de passer les examens…

*

Je ne regrette rien de cette période, ni d'avoir commencé les études en pharmacie. Cela a permis à ma sœur d'être sûre du chemin qu'elle voulait donner à sa vie professionnelle : travailler dans les métiers liés à l'équitation. Elle est donc partie dans une écurie apprendre le métier de cavalier-soigneuse, qu'elle exerce toujours avec passion. Quant à moi, j'ai pu monter ma petite entreprise de services. Si, aux yeux de nos parents, nos études se résument à un échec total, pour nous, elles furent la découverte d'une voie que nous voulions être certaines d'emprunter, tant nous y étions heureuses et épanouies. Je pensais alors mes crises d'anorexie loin derrière moi… Pourtant – et je n'en ai pris conscience que plus tard – mon alimentation très contrôlée et stricte n'était qu'un voile masquant la maladie. Car il convient d'être honnête : l'anorexie mentale est un mal persistant. Qui reste en nous à jamais. Même si aujourd'hui je n'ai plus le physique d'une « malade », les séquelles et les habitudes que l'anorexie engendre sont présentes au quotidien. Les pesées régulières et la perception de mon corps que je trouve obèse sont toujours là. Aussi je me bats, repas après repas, jour après jour, pour ne pas replonger, essentiellement afin de satisfaire ma sœur que je rends triste et malheureuse. Même dans les périodes de « calme », les vomissements résistent, qui succèdent à chaque contrariété, à chaque pesée ne me convenant pas

– au-dessus d'un poids qu'il m'est toujours aussi impossible de révéler aujourd'hui. Ils sont même devenus un réflexe lorsque j'estime avoir commis des excès, comme une manière de me dédouaner tout en me punissant.

15

Une vie à deux

Marie-Sophie

Le baccalauréat en poche, nous décidons, ma sœur et moi, de nous inscrire en fac de pharmacie. Avons-nous envie d'exercer ce métier ? Non. Aimons-nous ces études ? Non, même si Marie-Anne est plus intéressée que moi.

Je me pose encore la question de ce choix, et du « pourquoi toutes les deux, ensemble » ? Sans doute, ayant côtoyé le milieu pharmaceutique par l'intermédiaire de notre père, agenceur de pharmacie, avions-nous trouvé « normal » ou « logique » de suivre cette voie ?

En ce qui me concerne, étudier est un calvaire : je n'aime ni les cours, ni rester dans une pièce fermée, ni apprendre des choses abstraites.

Pour être tout à fait sincère, sans en informer nos parents, nous étions plus souvent aux écuries de Sucy-en-Brie à voir et monter notre premier cheval, Hercule, acheté chez les Coupérie-Eiffel, que sur les bancs de la fac. J'avais effectué un stage chez eux avant d'acheter le cheval, ce qui avait déclenché une véritable passion, une vocation même pour ces animaux et ce qu'ils apportent. À Bordeaux, chez Virginie, Philippe et leur maman Florence – qui m'a immédiatement adoptée – j'ai bel et bien découvert ma voie. La nature, les chevaux, le cadre de vie, tout m'a comblée.

*

Je sais que papa a horreur des chevaux. L'odeur, les mouches, la météo, le fait qu'un cheval l'ait fait tomber lorsqu'il était adolescent, tout l'éloigne de cet univers, de cet animal.

Malgré cela, par amour pour nous, il a toujours accepté de nous aider et même de soutenir dans cette voie. Sans doute est-ce l'un de ses traits de caractère qui m'émeuvent le plus. Une de ses phrases favorites n'est-elle pas : « L'important c'est que vous exerciez un métier qui vous plaise et vous passionne » ? Sans doute parce que cela n'a pas été le cas pour lui.

En tout cas, ce rejet du milieu équestre explique pourquoi il nous y a si peu accompagnées.

À l'époque, donc, il ignorait qu'au lieu d'être en faculté de pharmacie, nous passions nos journées dans le milieu qu'il déteste et qui fait mon bonheur.

Ma sœur me suivit sans que je l'y force en quoi que ce soit. C'est naturellement que nous nous sommes mises à partager cette passion, y trouvant un nouvel équilibre.

D'où l'échec aux examens de première, puis deuxième année en pharmacie.

16

L'été

Pierre

L'été arrive. Comme chaque année, mes filles viennent passer quelques jours dans la maison cannoise. Les choses se déroulent toujours de la même façon, j'essaie de réunir mes trois filles et de partager le maximum d'activités avec elles. Ce sont des concours de natation en relais dans la piscine, des jeux de société dont les terribles parties de Monopoly, dangereuses pour les familles ou les couples, surtout quand on déteste perdre.

Si ce jeu ne crée guère de tension avec mon aînée et ma dernière, ce n'est pas la même chanson avec Marie-Anne dont Anne-Valérie dira un jour à juste titre, pour toute explication :

— Tu es en face de toi !

Oui, jouer au Monopoly avec moi n'est pas sans conséquences. Une fois, avec ma compagne Patricia – dont je partage la vie depuis quatre ans – nous sommes restés plus de deux jours sans nous parler ni nous retrouver à cause d'une partie plutôt tendue.

Avec Marie-Anne, surgissent des cris, des engueulades d'un autre monde, et ce qui devrait rester un jeu dérape. Par conséquent, nous avons décidé de ne plus jamais y jouer ensemble.

Bien sûr, j'aime Marie-Anne, mais durant ces vacances, je suis toujours tiraillé entre la volonté de montrer mon amour et celle d'engager un rapport de force, rentrant dans un combat que tantôt je provoque, tantôt elle recherche. Du coup, larmes, cris et visages fermés sont fréquents.

Du tempérament, elle en a toujours eu. Dès sa naissance. Ainsi quand elle est sortie toute violette, le cordon serré autour du cou, le médecin qui l'en libéra ajouta, trente secondes après sa venue au monde :

— Bon courage avec celle-ci !

Était-ce une prémonition ?

Marie-Anne est brillante, sérieuse, affable, travailleuse, donne satisfaction partout où elle passe, mais quand elle veut quelque chose – et elle sait ce qu'elle veut – elle cherche à l'obtenir par tous les moyens. D'une sensibilité exacerbée et d'une capacité d'analyse terrible, rien ne l'arrête. Sauf ses propres doutes.

*

C'est au cours de ces vacances que je pris conscience de ses qualités, de sa personnalité et de ses traits de caractère, dont l'un, terrible, est une possessivité maladive.

J'ai pour habitude, par exemple, de me déplacer en scooter. Mais quand nous sommes tous ensemble, il devient compliqué de faire comprendre à Marie-Anne que celle que je souhaite conduire et que j'ai envie d'avoir avec moi, c'est ma compagne. Or ma fille veut être collée à moi, tout le temps, sans cesse. Presque physiquement.

Comme elle oscille entre la gentillesse et l'exigence, nos rapports sont presque toujours difficiles. Lorsque au téléphone je l'entends parler à toute vitesse, je sais qu'il y a un problème et qu'il va falloir attendre qu'elle se calme pour avoir une conversation posée. Mais attention, si je ne vais pas dans son sens, le débit peut s'accélérer et moi me trouver pris à partie dans le conflit qui la préoccupe.

Heureusement, elle sait faire redescendre la pression immédiatement, alors que l'on pourrait s'attendre à une montée certaine. Insaisissable, séductrice, libre et terriblement investie dans ce qu'elle fait, ma fille a du caractère. Et des passions. Dont, donc, le cheval.

Devais-je les accompagner chaque matin au manège ? Vérifier leurs devoirs ? Ce n'est pas ma façon de faire, ayant été trop malheureux, enfant, de devoir donner satisfaction à mon père pour exiger la même chose de mes filles. Ma priorité, c'est leur bonheur, point barre.

*

À Cannes, je ne surveille pas la nourriture et ne vois rien. La maison est grande, avec nombre de douches ou de toilettes et je n'ai jamais fait attention à son comportement.

*

Pour écrire ce livre, j'ai rencontré des parents. Et, j'ai pu constater que, au regard de ce que j'ai vu en assistant de mon côté à certaines réunions de familles de malades, l'anorexie est vraiment mal comprise et l'aide difficile – soit dit en passant, on m'a enjoint de ne plus m'y rendre à cause de la franchise avec laquelle je dénonçais un certain système qui osait lancer des phrases aux parents désemparés telles que :

« Votre fille n'est pas assez maigre. »

« Votre fille est trop âgée. »

« Votre fille n'est pas assez malade. »

« Votre fille doit voir des psys », sans conseiller ou même indiquer aucun nom.

Je me souviens aussi d'un père qui recommandait de ne pas trop avoir recours aux médicaments, parce qu'ils constituent une facilité mais non une solution pérenne. C'était la même chose durant mon incarcération : donner des « cachetons » aux détenus était fréquent tant, transformés en légumes, ceux-ci ne représentaient plus un risque ; les gérer était beaucoup plus facile qu'un prisonnier en pleine forme, qui ne cesse de réclamer la promenade, le sport, les activités, etc.

D'aucuns donnent volontiers aux anorexiques nombre de médicaments ayant pour effet de les « shooter », de casser leur volonté, de les transformer en « légumes » pour éviter d'avoir à supporter les crises. Un père m'a raconté un jour une scène très dure.

Alors que sa fille – prénommons-la Juliette – s'était recluse dans la chambre de la maison de campagne où elle séjournait avec ses amies, il avait demandé à l'une d'elles de monter voir si tout allait bien. Elle redescendit en expliquant que Juliette était en pleine crise et qu'il ferait mieux d'aller la voir.

Son amour se trouvait sur son lit, tordue de convulsions, en larmes, aux prises avec des spasmes énormes. Il savait qu'elle souhaitait le voir partir et la laisser seule ; mais, cette fois, il ne lâcha pas. Et décida de rester. Il s'assit à côté d'elle, puis s'allongea et la prit doucement dans ses bras, contre son corps imposant, et lui dit :

— Respire, mon amour. Respire.

Elle l'écouta.

— Respire à fond, détends-toi, je t'aime, respire encore, calme-toi, je suis là, ma chérie.

Il sentit qu'elle luttait contre l'angoisse, et progressivement, vit ses larmes devenir moins abondantes. Sous ses yeux se jouait l'incroyable combat qu'elle livrait contre elle-même. Il l'aimait, comme tous les parents, mais cela ne servait à rien. Il assistait impuissant à sa lutte, à ses tremblements incontrôlés.

— Continue, mon amour. Respire à fond. Bloque ta respiration. Respire.

Et il respira avec elle, pour l'aider.

— C'est bien, ma chérie, continue. Vas-y.

Juliette se détendit enfin. Les larmes cessèrent. Elle se battait pour que tout cela s'arrête, il vit qu'elle ne se complaîsait en rien dans la souffrance de cette crise.

— Détends-toi, ma chérie, ton gros papa est là.

Elle se calma, et lui ajouta, pour détendre l'atmosphère :

— Dis donc, tu aurais pu répondre : « Mais papa tu n'es pas gros ! »

Elle rit. Il avait gagné.

La scène, me confie-t-il, avait duré six minutes.

Il raconte alors avoir assisté à ce qu'elle doit vivre après chaque repas, ces crises qui naissent des raisons irrationnelles que les enfants malades invoquent. Là, elle était en larmes, angoissée, parce qu'elle avait trop attendu avant de se faire vomir, et que, du coup, elle n'y était pas parvenue.

Les parents essaient de faire manger quelque chose à leurs enfants atteints, n'importe quoi qu'ils parviendraient à conserver dans leur corps, quitte à les occuper après les repas pour éviter le passage aux toilettes, ou sous la douche, espérant qu'ils gardent en eux juste un petit peu de nourriture. Sans ces efforts inouïs, ils se nourriraient presque exclusivement de pastèques, d'ananas, d'eau.

En l'écoutant, je prends conscience de l'enfer enduré par ces parents et réalise à quel point je suis loin de ce qu'ils vivent.

*

Et cela va continuer ainsi. Pour nous tous, pour tous les accompagnateurs des malades – Marie-Sophie notamment, à qui j'ai eu l'irresponsabilité de reprocher certaines erreurs alors que moi-même je n'avais rien vu.

*

Un été, la maman de ma fille souhaita venir passer quelques jours avec nous à Cannes. Comme elle était seule et que je pensais faire plaisir à Marie-Anne, j'ai dit oui.

Nouvelle erreur. Une folie, même. Faire cohabiter dans une même maison mes filles, leur mère dont je suis séparé depuis dix-huit ans, ma propre compagne – de 28 ans – et sa fille de 6 ans, c'était du n'importe quoi.

Mais, j'y voyais une sécurité. Car, je l'avoue, avec Marie-Anne, j'ai découvert la trouille. Peur des reproches, peur des attaques, peur du mot qu'il ne faut pas prononcer, du geste qui fait basculer, de dire trop de oui ou trop de non. Peur d'être un vieux con ! Peur d'être trop tendre avec ma compagne ou avec Éva, sa fille. J'ai peur de tout, tout le temps.

En vérité, je suis perdu devant chaque situation, totalement désemparé.

*

Cette peur se manifesta lorsque, un 20 juillet, un bouquet de fleurs arriva pour Marie-Anne. Un magnifique bouquet de roses rouges envoyé par une femme à ma fille alors que celle-ci se trouvait chez ses parents.

Je ne pose aucune question – j'ai tort –, sens bien qu'il y a quelque chose de spécial, mais décide de ne pas lever le lièvre. Cette faiblesse, ma fille et moi allons la payer cher.

17

« Une relation pas comme les autres »

Marie-Anne

Après ma rupture avec Antoine, je ne cherche pas de nouvelle histoire. Je prends la vie telle quelle vient, avec des phases alimentaires « stables » (dans la mesure du possible) et d'autres faites de crises gérées plus ou moins bien. Je suis inscrite à la fac mais je vais aux cours sans motivation. Seuls les chevaux illuminent mes semaines.

Grâce à l'équitation, et plus précisément en donnant à réparer une paire de bottes, je vais faire une rencontre à laquelle je ne m'attendais pas du tout.

*

Un jour, je rentre dans un grand atelier aux murs gris et vert soutenu et où trône une immense table entourée d'une forêt de machines à coudre. Une femme travaille, assise sur un tabouret de bar. Elle se prénomme Michèle. Grande, mince et musclée, les cheveux châtains et les yeux marron, elle est de seize ans mon aînée.

Le destin m'a menée à elle. Discrète, elle parle très peu et travaille minutieusement derrière sa machine à coudre pour réparer le zip de ma botte. Un regard aura suffi pour que j'aie envie de la revoir. Je décide de prendre contact avec elle, *via* Facebook.

La conversation s'engage rapidement. Quelques brèves minutes, d'abord, qui deviendront de plus en plus longues, pour finir par des heures entières pendues au téléphone. Elle me dira ouvertement qu'elle est en couple et travaille avec sa compagne… Qu'importe, la discussion est agréable, je n'ai aucune arrière-pensée, et notre relation se révèle on ne peut plus naturelle. Évidente.

L'année universitaire touche à sa fin, mon emploi du temps s'allège et je passe quelques fois lui donner un coup de main, au volant de la petite voiture noire que m'a gentiment prêtée la compagne de papa.

Puis je commence à venir davantage. De plus en plus, même. J'arrive parfois dès le matin et me mets à lui écrire immédiatement *via* le réseau social en sortant de l'atelier. Nous parlons de tout et de rien, du travail, de mes études, de notre enfance, de son couple, de ma dernière séparation…

Jusqu'au jour où le destin décide de frapper. Assise sur le dos du canapé en cuir blanc de l'atelier, je m'apprête à partir quand Michèle s'approche pour m'embrasser. Par réflexe, je détourne la tête. Je ne sais pourquoi… Mais quand elle essaie à nouveau, cette fois je m'abandonne à son baiser, comme si nous étions seules au monde. Le monde s'est arrêté de tourner.

Sur la route du retour, alors que je rentre chez maman, j'ai des papillons dans le ventre et des étoiles plein les yeux. Je ne cesse de penser à Michèle, à ce baiser interdit qui s'est pourtant révélé si naturel.

Michèle se posera bien des questions : elle est en couple, je suis jeune, et surtout je n'ai connu que des hommes. D'ailleurs, tout au long de notre relation, elle ne cessera de me dire que je suis hétérosexuelle.

*

Un nouveau rythme de vie commence pour moi. Dès que sa compagne part travailler, je la retrouve et reste quelques instants dans ses bras avant de l'aider à l'atelier.

Je ne dis rien à mes proches et vis secrètement cette relation amoureuse, cette première fois…

À aucun moment la question du regard des autres ne se pose. Je ne me demande même pas si je commets une erreur. Pour moi, on tombe amoureux avant tout d'un être, d'une personnalité, d'un caractère, pas d'un genre, féminin ou masculin.

L'évidence s'impose : je l'aime, et peu importe son histoire, son couple ; lorsque je suis en sa compagnie, je me sens bien, en sécurité. Rien ne peut m'arriver.

Présentée à tous comme une simple amie, nous passerons des soirées avec les proches de Michèle, échangeant discrètement des baisers au détour d'un couloir.

Pour elle, forcément, c'est compliqué. Elle s'interroge sur sa situation avec sa compagne, qui est aussi son associée. Mais le destin nous sourit toujours, et je pars finalement de chez maman afin de m'installer avec elle.

*

À ses côtés, je trouve un réel équilibre. J'entreprends une licence en sciences de la vie et de la terre à Créteil, tout en continuant à donner un coup de main à l'atelier. Michèle m'apprend à travailler le cuir et me confie de plus en plus de tâches.

Rapidement, elle se rend compte aussi que, parfois, je ne mange pas pendant un, deux, voire trois repas. Elle me pose des questions, nous en discutons longuement, mais jamais elle n'exerce de pression ou ne s'autorise de réflexion maladroite. Éternelle optimiste, elle essaie de me tirer vers le haut. Elle me dissuade de me faire vomir, aussi. Et peu à peu, mes crises diminuent jusqu'à devenir quasiment inexistantes – sauf en cas de « gros » repas.

Je trouve enfin un équilibre, dans une relation dite « pas comme les autres ».

18

Le cheval pour passion

Marie-Sophie

Les chevaux représentent plus qu'une simple occupation quotidienne : ils sont ma passion – notre passion.

C'est en novembre 2015 qu'une jument du nom d'Anedota arriva dans la vie de ma sœur. Nous l'avions achetée une bouchée de pain, au Portugal, sur vidéo, par l'intermédiaire de celui qui deviendra mon mari. En la voyant en vrai, la première fois, je n'aurais jamais cru qu'elle jouerait un rôle significatif dans la « guérison », même partielle, de Marie-Anne.

*

Car la jument est arrivée au moment d'une crise, moment où Marie-Anne n'avait que la peau sur les os et l'animal aussi, à cause du transport et du poulinage d'avril.

Je les ai vues toutes deux, pas forcément au même rythme, retrouver leurs formes naturelles, comme si Anedota avait accompagné ma sœur dans ce chemin épineux.

La jument devait absolument reprendre des forces pour être de nouveau débourrée et dressée, puis passer les concours et être récompensée, et ce dans un délai de six mois, véritable challenge ! Mais comme ma sœur ne s'alimentait plus, prenait beaucoup de médicaments, était trop faible, alors j'ai pris la décision, à un moment, de ne plus la laisser monter à cheval.

Et pour cause, j'aurais, étant enseignante diplômée, endossé toute la responsabilité en cas d'accident. Comme elle dormait tout le temps et faisait des malaises, il était très dangereux de se trouver face à un animal de 600 kilos, dans un environnement où on ne peut pas tout maîtriser.

Voyant les chevaux travailler et Anedota progresser, elle réussit à reprendre du poids, à réduire les médicaments, tandis que la jument, elle, retrouvait un corps sain et musclé, progressait à vitesse grand V. L'envie de monter était forte chez Marie-Anne, alors le couple se forma et le feeling entre elles deux devint de plus en plus intense.

*

La saison des concours arrivait, et ma sœur souhaitait y participer. Mais il fallait un certificat médical. Et qui pouvait, décemment, en délivrer un dans son état ?

Mais elle la voulait, cette saison avec notre Ané.

Alors, au prix d'efforts soutenus et quotidiens, ma sœur parvint à obtenir le certificat.

Premier concours, premier classement, suivi de nombreuses victoires et médailles. Quelle belle histoire homme/cheval.

On dit que le cheval est le reflet de nos émotions. Grâce à cette complicité, Ané a permis à ma sœur d'analyser ses états d'âme. Sans parler, sans juger ni s'imposer, juste en lui faisant comprendre, à travers ses comportements durant le travail ou en main, qu'elle était avec elle, auprès d'elle, elle l'a rassurée. Apaisée. Une véritable thérapie.

19

Le cheval

Pierre

Mes filles aiment le cheval, je le porte en horreur. Je n'aime ni l'odeur, ni la saleté des écuries, ni cet animal qui m'a fait tomber de selle, petit, alors qu'on avait garanti que ma monture était la plus docile qui soit.

Je n'ai, avec le cheval, que de mauvais souvenirs.

*

Lors des épreuves d'équitation auxquelles participent mes filles, c'est la même histoire : du stress avant, des larmes après. Et, pour moi, un calvaire car je ne comprends rien à la notation – je crois qu'elles se sont fait saquer à cause du nom qu'elles portent – et j'ai toujours peur de la chute.

Marie-Sophie et Marie-Anne sont douées pour le dressage et passionnées par ces bestioles. Je me rappelle avoir rendu visite à mon aînée un matin, très tôt, dans une écurie où elle effectuait un stage.

Sa chambre ressemblait à une cellule minuscule. Sans fenêtre. Et à l'extérieur, dans le couloir du rez-de-chaussée qui menait aux douches, le froid était saisissant. Comment pouvait-elle vivre dans de telles conditions ?

Mais quand je lui avais proposé de changer de logement, d'aller à l'hôtel ou de lui louer une caravane, sa réponse n'avait laissé aucun doute : « Papa, lorsque je me lève à 5 heures du matin pour aller voir les chevaux, nettoyer leurs boxes, les nourrir, je suis heureuse. »

À chaque concours loupé, à chaque blessure, cette réplique claque dans mon cerveau. Car les chevaux représentent aussi beaucoup de souffrance : quand ils sont malades, impossible de consoler l'immense tristesse de mes filles prises de sanglots sans fin.

Même si j'ai eu la joie de voir mes aînées sur les deux premières marches du podium, je dois avouer que le risque encouru gâchait largement mon plaisir de savourer leur bonheur.

Voir un cheval se cabrer pour tenter de désarçonner son enfant qui se débat contre une masse énorme à quatre-vingt-dix degrés du sol… qui peut aimer assister à cela ?

Je suis en tout cas admiratif de la réussite de mes filles dans ce domaine. Leur persévérance, leur sérieux, leurs résultats… Tout ce qu'elles font me rend fier. Et, par-dessus tout, leur petite entreprise de fabrique de bottes sur mesure. Il faut les voir arpenter les concours avec leur van et leur stand, dans le froid, le vent, pour vendre cette production avec succès !

*

Anne-Valérie m'a sidéré aussi lorsqu'elle a décidé de se lancer dans la médiation équine auprès des détenus de la prison de Villepinte, l'une des plus dures et des plus surpeuplées de France. Et c'est à Marie-Sophie qu'elle a confié cette mission.

Que dire de ces deux chevaux immenses entrant en prison, menés par ma fille qui se retrouvait seule au milieu de cent vingt détenus auxquels elle prodiguait les consignes de sécurité ? Que dire de ces hommes, véritables armoires à glace, qui attendaient leur tour pour approcher du cheval, le caresser, lui donner à manger… Marie-Sophie n'a pas raté une seule des cessions organisées à la maison d'arrêt. C'est même en larmes qu'elle a quitté la prison après quatre mois d'activité. Et le prestige de la visite du président de la République et du garde des Sceaux de l'époque – venus saluer cette expérimentation unique – n'était rien comparé à la reconnaissance de ces personnes, condamnées par la justice mais en quête de sensibilité et d'amour dans leur contact avec l'animal.

*

Marie-Anne m'a aussi impressionné par sa capacité d'intégration et la force de sa volonté à l'occasion d'un stage effectué chez Hermès, comme en constatant son implication dans la petite entreprise de confection de bottes de sa compagne Michèle. Se lever à l'aube, parcourir des kilomètres pour déplacer le stand dans toute la France, et le soir, malgré la fatigue, monter à cheval… une telle passion méritait d'être soutenue, même si je me suis souvent plaint de son coût et de la souffrance qu'elle imposait.

Oui, je suis immensément fier de mes filles. En revanche, peut-être ne sais-je pas assez le leur dire, le leur montrer.

20

Le calme avant la tempête

Marie-Anne

Avec Michèle, ma relation est une expérience nouvelle, loin de celles que j'ai pu avoir, qui m'apporte tout ce dont j'ai besoin.

Pourtant, la déception de maman est grande lorsqu'elle apprend que je suis en couple avec une femme. Sa réponse est cinglante : « Va faire tes expériences de gouinasse ailleurs. » Je ne lui en veux pas, dans sa famille bon chic bon genre ce type de relation n'existe pas. Et je comprends sa difficulté à l'accepter.

Mais malgré les réactions mitigées de ces proches, qui ne cautionnent pas mon choix, j'aime Michèle. Elle m'offre un cadre structurant et m'apprend un mode de fonctionnement qui va beaucoup m'aider à combattre l'anorexie.

Je me sens en effet aimée, pas jugée. Elle m'accepte telle que je suis, avec mes qualités et mes défauts. Avec elle, l'anorexie n'est pas un tabou et ne le sera jamais au cours des sept années que durera notre histoire. Et la maladie finira même par s'estomper au fil des mois.

*

Une fois installée avec elle, même si je continue à surveiller scrupuleusement ce que je mange, la relation tumultueuse que j'entretiens avec mon corps change. J'en viens à ne pas prêter autant d'attention à mon poids qu'auparavant. J'arrive même à ne pas me peser pendant des mois et à ne plus me faire vomir. Je me sens apaisée. On dirait que le calme est enfin revenu dans mon esprit ; il était temps...

Beaucoup de choses ont changé depuis que je me suis mise en couple. J'ai arrêté mes études et nous avons décidé d'ouvrir ensemble une petite entreprise dans le milieu de l'équitation. Pour la première fois, j'apprends à travailler, à démarcher les clients, à m'organiser, à tenir une comptabilité, faire des factures... bref, à gérer une société. Un très gros challenge qui me plaît.

J'ai vu papa « sur le terrain », comme on dit, et ne m'étais jamais imaginée derrière un bureau toute la journée ! Je voulais faire comme lui. Banco, je vais pouvoir appliquer les connaissances qu'il m'a transmises pendant toutes ces années dans mon nouveau job de gérante commerciale.

*

Avec Michèle, c'est aussi un univers familial que je m'approprie. Ce qui va se révéler une énorme source de réconfort.

Sa famille est composée de gens simples qui ont une très grande culture du travail, une gentillesse immense et – surtout – qui acceptent la compagne de leur fille sans se poser de questions. Le feeling passe tout de suite avec Véronique, sa mère, une femme Cancer au caractère trempé comme le mien.

Son père, Bertrand, homme de tempérament très calme, me traite d'emblée comme si j'étais l'une de ses enfants. Il ne fait pas de différence. Je vais enfin faire l'expérience d'un « papa comme les autres » : un papa présent, qui partage les repas, prépare des week-ends en famille, aime passer du temps avec ses rejetons sans que cela paraisse une obligation, une contrainte. Je vais même nouer avec lui une relation « père-fille » que je ne suis jamais parvenue à développer avec mon propre père…

*

Grâce à tout cela, je me sens bien et j'oublie ce qui fut ma préoccupation première depuis tant d'années : le corps dégueulasse dans lequel je me sens coincée.

J'apprends à ne pas me poser de questions, à m'accepter comme je suis, à vivre, tout simplement. Dans ce nouvel univers, personne ne me juge. Je baigne dans une bulle, en sécurité, comme si rien ne pouvait m'arriver. Mon mal-être est derrière moi, une nouvelle vie s'ouvre, une vie « comme tout le monde », sans l'anorexie qui m'a tant martyrisée. Où le cheval me soigne et m'apporte beaucoup.

21

Marie-Anne aime

Marie-Sophie

Quand ma sœur s'est mise en couple avec Michèle, j'avais deviné cette relation avant même qu'elle ne l'annonce à notre maman. Puis elle décida de quitter la maison pour aller vivre avec elle, travailler pour elle.

Au début, tout était normal, mais très vite, mes rapports avec sa compagne se sont dégradés. Et ce alors que j'ai toujours veillé à ce que nos relations demeurent courtoises, ne voulant pas être séparée de Marie-Anne à cause de la possessivité de Michèle qui me faisait sentir combien j'étais trop présente, j'ai rapidement réalisé que ma façon d'être avec ma sœur n'était pas appréciée. Nos liens très forts, notre besoin d'être souvent – si ce n'est tout le temps – ensemble, notre passion commune du cheval, nos échanges sms (jugés trop nombreux) dérangèrent !

Du coup, j'ai vu progressivement Marie-Anne s'éloigner. Des écuries, des concours, de moi. Et quand, un jour, alors qu'il était question que je parte en Allemagne, au détour d'une phrase Michèle a dit : « Le jour où ta sœur part, je fais péter le champagne ! », j'ai compris : je dérangeais.

*

Souvent les gens qui nous entourent ne comprennent pas que les liens qui nous unissent, Marie-Anne et moi, ne datent pas d'hier. Ils se sont formés, liés, noués depuis l'incarcération de notre père, solidifiés avec les insultes subies dans la cour de récréation, renforcés du rejet des gens, des attaques adverses. À l'époque, nous étions isolées, mais nous étions deux. Alors nous nous étions créé une sorte de monde à part où le temps passé ensemble à parler, à rire de tout, n'importe quand et n'importe comment, aidait à affronter toutes les difficultés. Est-ce impossible à concevoir ?

22

Laisser son enfant prendre son envol

Pierre

Que se passe-t-il vraiment dans un couple ? Lorsque l'on habite un immeuble ou une maison, que l'on croise son voisin, que savons-nous de ce qu'il vit ? Rien. Et heureusement, d'ailleurs ! Si on décèle parfois le bonheur à travers la présence d'un bouquet de fleurs ou la tristesse à des yeux rougis, nous ignorons tout de l'intimité de ceux qui nous entourent.

Pour nos enfants, c'est la même chose. Nous ne savons que ce qu'ils veulent nous dire. Et encore, sous réserve que ce soit la vérité. Tout petits déjà, ils ne dévoilent pas tout, développant plus ou moins leur jardin secret ; c'est le principe de l'émancipation. Et si nous nous mettions à les surveiller, les observer, à les « fliquer », les conséquences pourraient être dramatiques pour leur évolution.

Alors nous nous contentons d'observer les signes susceptibles de nous livrer des indications sur leur bonheur. Car seul celui-ci compte, pour les parents que nous sommes.

Savoir que tout allait bien, que mes filles avançaient dans leur vie selon leur choix et leur désir m'était essentiel. Et, aujourd'hui encore, savoir si nous pouvons les aider, si elles ont besoin de parler, si elles ont besoin de nous, est tout ce que je souhaite, au fond.

*

Mais une relation nouvelle est marquée par sa propre histoire, par ce qu'on a vu, par ce qu'on a fait du passé – le recopier ou le renier ? Cherchant à ne pas faire vivre à ma progéniture ce que j'ai enduré, je me suis toujours efforcé de faire comprendre à mes filles qu'elles pouvaient se confier à moi. Mais encore faut-il être capable de tout entendre... Et je veux le reconnaître, sur la santé, je n'en ai pas été capable. Ni même de comprendre.

Si nous savons qu'un chagrin d'amour ou une peine immense peut avoir des conséquences sur l'état psychique et physique, qu'il peut mener tout droit vers une dépression, la drogue ou la débauche, lorsqu'il s'agit de son enfant, anorexique qui plus est, comment faire la différence entre la maladie et les crises dues à un mal-être ? Je n'ai jamais rien compris à tout ça. Et, je l'avoue, j'ai pris mes distances lorsque s'est nouée la relation entre Marie-Anne et Michèle. Parce qu'il lui fallait vivre sa vie, parce que j'ai perçu que j'étais sans doute de trop, parce que le lien qu'elle tissait avec son beau-père m'éloignait.

Et parce que, tout à sa passion belle et légitime, elle prenait aussi ses distances avec son aînée.

*

Sans doute est-il normal que Marie-Anne se soit un peu éloignée de Marie-Sophie – dont elle est pourtant très proche – à partir du moment où elle s'est mise en couple avec Michèle. N'est-ce pas le destin de chacun de construire son univers, sa propre famille ? Peut-être les deux sœurs étaient-elles trop inséparables, incapables de vivre l'une sans l'autre et valait-il mieux que l'une prenne son envol pour que les deux existent individuellement. Mais sur le coup, j'ai peiné à le comprendre. À vrai dire, qui suis-je pour juger de ce qui est bien ou pas. Et, surtout, avais-je toutes les cartes et informations en main et même en tête pour analyser la situation avec acuité ? Cela expliqué, une vérité se fait jour : à l'époque, Marie-Anne ne voit plus beaucoup sa sœur, mais elle construit quelque chose, vit sa propre histoire d'amour. Ça me paraît normal. Pour autant, que dire à Marie-Sophie qui s'en plaint et ne vit pas l'éloignement de la même façon ?

23

Je me laisse porter par le vent…

Pierre

Poursuivons l'introspection. Sans doute par lâcheté, je ne me suis pas mêlé de cette « affaire ». Lorsque les enfants grandissent, pas de nouvelles, bonnes nouvelles, non ? Alors, parfois, si des proches m'interrogent, j'explique juste en quelques mots que ma deuxième fille est en couple avec une autre femme, de seize ans plus âgée. Certains amis gays me mettent en garde contre des relations qu'ils ont connues et qui peuvent être très toxiques. On me parle d'histoires rocambolesques mal achevées ou devenues « bizarres », amenant d'immenses tensions et même des drames ; dans ce cas, ma crainte naturelle frémit. Pourvu qu'elle soit heureuse, c'est tout ce qui compte.

Je vois Marie-Anne épanouie, aussi je suis serein.

*

En vérité, la maladie rôde. La vie à deux n'est pas toujours simple.

Je ne savais pas que ma fille se scarifiait, qu'elle était anorexique et se faisait vomir, alors comment aurais-je pu deviner quoi que ce soit ? Quand mes deux aînées m'ont affirmé ne pas vouloir poursuivre pharmacie, j'ai compris qu'elles n'étaient pas faites pour ces études ; elles n'avaient même pas jugé bon, en première année, d'aller passer leurs examens, sous prétexte qu'il ne « fallait pas gâcher une chance de plus » !

Très honnêtement, avais-je quoi que ce soit à dire ? On en connaît des jeunes qui, à bac + 5, ne sont pas heureux et exercent des métiers qui ne leur plaisent pas, sans passion ni envie. Quand ils ne sont pas au chômage. Inutile donc d'insister.

Je regrette souvent qu'il n'y ait pas d'école pour les parents alors qu'il n'y a rien de plus dur que de l'être. Pendant cette période, j'ai vu Marie-Anne se lancer peu à peu dans la vie active. Je n'ai rien surveillé. Elle a monté sa petite société, sans que je lui donne de conseils. Comment me le serais-je permis, compte tenu de mon passé ?

Elle se lève tôt, ne « glande » pas, a pris sa vie en main et semble passionnée par son travail. Moi, comme beaucoup de parents, ce qui m'inquiète, ce sont les mauvaises fréquentations, la drogue, l'alcool. Là encore, énorme erreur : avec les enfants, le danger est partout. Et surtout là où on ne l'attend pas.

*

Ma fille passe ses week-ends à Strasbourg, dans sa « belle-famille » bien sous tous rapports. Rien à dire, tout semble aller pour le mieux.

Or je n'ai que les éléments que l'on veut bien me donner ou que j'accepte de recevoir... J'accueille le couple. Même si je n'ai guère d'atomes crochus avec Michèle – ce n'est pas le fait qu'elle soit une femme, mais une question de tempérament et de centres d'intérêt –, me demande-t-on de bien m'entendre avec ma belle-fille ? Quand j'en parle à ma mère, qui côtoie sa petite-fille et sa compagne pendant les vacances, j'ai pour seule réponse de cette femme issue de la bourgeoisie lyonnaise : « Mais qu'est-ce que cela peut te faire ? On s'en fout, femme, homme, c'est dépassé tout cela, Pierre. Marie-Anne a l'air heureuse, et puis elle ne se drogue pas, elle a une vie saine. »

Je traverse cette période comme un bouchon sur la mer, au gré du vent, des courants, toujours à flot.

*

À l'époque, quand j'ignore encore tout de ce qui se passe, je suis un père fier. Ma fille aînée vit sa passion et participe à des concours, la deuxième a monté sa petite entreprise, se lève tôt, travaille dur, parcourt des kilomètres, obtient même un article dans *Le Point* pour sa fabrique de bottes, et la dernière est élève à Henri-IV.

Que demande le peuple ? La gravure est parfaite, belle et sans rayures…

Pour l'instant.

*

J'ai appris qu'il ne faut jamais jouir du moment présent car le bonheur d'aujourd'hui peut amener les défaites de demain. Heureusement, l'inverse est aussi vrai et c'est pour cela que nous avons décidé d'écrire ce livre, car la détresse d'un jour peut conduire au soleil du lendemain. De plus, l'histoire humaine se nourrit des échanges entre les êtres, filles, parents, sœurs… Rien n'est jamais perdu, rien n'est jamais pour rien, mais il ne faut jurer de rien dans aucun sens, ni en mal, ni en bien.

J'aime le proverbe plein de bon sens qui dit « si jeunesse savait, si vieillesse pouvait », ou encore les derniers mots de cette chanson de Jean Gabin écrite par Jean-Loup Dabadie « Maintenant je sais » : « Maintenant je sais, je sais qu'on ne sait jamais ! […] C'est tout c'que j'sais, mais ça j'le sais ! »

24

En équilibre sur un fil

Marie-Anne

Janvier 2012. Tout va bien dans cette nouvelle aventure après tant de moments difficiles. J'ai enfin trouvé un équilibre. Qui me fait oublier les troubles alimentaires que je traîne tel un boulet accroché à ma cheville depuis l'âge de 13 ans. La réalité va, hélas, me rattraper.

*

La vie n'est plus aussi rose qu'au début avec la femme que j'aime et qui partage mon quotidien dans la sphère privée mais aussi professionnelle. Notre travail ne nous laisse aucun répit : je m'y consacre sept jours sur sept, ce qui crée de grandes tensions au sein du couple. Il faut faire quelque chose avant de tout voir voler en éclats. Nous décidons de prendre quelques jours de vacances dans la maison de famille, accompagnées pour l'occasion de ma sœur Marie-Sophie et de José, son conjoint.

En partant à Cannes, j'ai l'espoir que ce break va nous permettre de repartir sur de nouvelles bases et de retrouver ce qui m'a permis de me sentir bien dans ce couple, jusqu'à en oublier mes troubles alimentaires.

Nous prenons la route tous les quatre vers le sud de la France.

Malheureusement, les tensions ont pris le même chemin que nous... comme si elles s'étaient faufilées dans les valises. Quant au travail, c'est par nos téléphones qu'il ne cesse de s'inviter. Je me sens mal, ça ne va pas, mes idées commencent à partir dans tous les sens, j'ai besoin de me rassurer.

Je commets la plus grosse erreur de ma vie en osant un acte, anodin pour une personne normale, qui va me replonger dans la réalité de l'anorexie.

*

Un matin, alors que tout le monde est réuni dans le salon, confortablement vautré dans les canapés en cuir devant la télévision, je décide de prendre ma douche dans la grande salle de bains de papa, dans ses quartiers pour être précise. Cette vaste pièce est composée d'une douche et d'une baignoire gigantesque pouvant accueillir deux personnes. Elle me rappelle mon enfance. Mais une balance s'y trouve. Dessus, il y a un Post-it avec la mention « don't touch » écrite de la main paternelle à destination de la femme de ménage afin qu'elle ne fasse pas l'erreur de la débrancher. J'aurais dû y lire un signe…

Un tête-à-tête d'une longueur infinie se joue entre le pèse-personne et moi. Je le fixe quelques instants qui durent une éternité. Et me décide à monter dessus. Le ciel me tombe sur la tête, les larmes coulent, le diable reprend sa place dans mon esprit : 68,8 kilos pour 1,78 mètre. Je suis si grosse. D'un coup, je ne vois plus que de la graisse nichée partout sur mon corps, des bourrelets, des formes. Rien ne va, je suis moche. Comme s'ils n'étaient qu'en sommeil jusqu'à présent, comme s'ils n'attendaient que l'instant fatidique où j'allais franchir la ligne rouge de la pesée pour resurgir, mes troubles alimentaires reviennent au galop.

*

Si je me force à manger pour faire plaisir à mes proches, la suite se joue dans les toilettes les plus éloignées de la maison, pour ne pas éveiller les soupçons. Je déclare que je n'ai pas faim, que j'ai déjà mangé ou que j'ai trop grignoté afin de justifier ce manque d'appétit.

Débutée à Cannes, la crise continuera en Seine-et-Marne, dans le loft que je partage avec ma compagne. Elle durera un certain temps et je n'aurai aucun mal, compte tenu de mon rythme de vie et de mes déplacements, à cacher ce qui se passe.

Puis, les poussées vont et viennent, petites crises quand même bien présentes. Chaque fois que des tensions apparaissent entre ma compagne et moi, je fais une fixation sur mon poids.

Comme si me focaliser sur autre chose que mon couple me permettait d'oublier.

*

Au fur et à mesure, je prends conscience que je ne contrôle pas grand-chose de mon existence, que, même si c'est un choix, je suis dépendante de Michèle et fais tout comme elle le souhaite, sans penser à moi. Ma sœur, par exemple, si importante à mes yeux, qui a toujours été ma moitié, ne fait plus partie de ma vie, je la vois même très peu. Moi qui montais tous les jours à cheval, je ne savoure plus cette communion que rarement. En fait, je me suis oubliée au cours de nos sept années de relation. Je voulais que Michèle soit fière de moi, j'avais envie d'être ce qu'elle attendait, quitte à y laisser ma santé. Une vérité devrait m'exploser au visage : je ne contrôle rien, sauf mon alimentation et donc mon poids. Mais, à l'époque, je n'en ai aucune conscience. D'ailleurs, pour moi comme pour les autres, je ne suis pas malade, tout au plus obsédée par le contrôle permanent des kilos.

Dans ma tête, il n'y a rien de grave, j'aime Michèle et je veux la satisfaire, même si ce n'est pas toujours facile. Je préfère être dure avec moi-même que de la décevoir, de peur de lui faire du mal.

25

« Marie-Anne, tu as maigri »

Marie-Anne

C'est en 2015 que je subis ma plus grosse crise. Une année terrible pour moi comme pour mes proches.

*

Depuis un an, ma relation avec Michèle se complique. En avril, je quitte une première fois le domicile conjugal pour faire une pause et voir si les choses s'améliorent avec un peu de distance. Je travaille toujours à l'atelier avec elle, et chaque matin, je la retrouve triste, démunie, ne dormant visiblement plus la nuit. C'est si dur de découvrir la personne dont je partage la vie depuis six ans dans cet état que je me sens coupable : je n'ai pas le droit de lui faire ça ! Alors, après un mois d'absence, je reviens habiter avec elle.

Michèle, pendant cette pause, nous a trouvé une nouvelle maison, comme pour prendre un autre départ, tout près des champs de Seine-et-Marne.

De la rue, on ne voit qu'un portail noir qui ouvre sur une petite allée goudronnée depuis laquelle se déploie un magnifique jardin, doté d'une pelouse verte et bien tondue.

La cuisine américaine, le salon et l'immense salle à manger donnent sur le beau jardin. Il y a deux chambres, deux salles de bains et deux cabinets de toilette, un sous-sol incroyable. Bref, un lieu de rêve. Michèle a fait le maximum pour que je m'y sente bien, tous les ingrédients sont réunis afin que ce nouveau départ soit le bon. Elle a même pris soin de disposer l'intégralité de mes affaires dans la seconde chambre transformée en dressing.

*

Mais à peine revenue dans le domicile conjugal, je réenclenche une nouvelle crise sans m'en rendre compte. Je pèse à ce moment-là un peu plus de 68 kilos et mon cauchemar reprend.

Pour faire plaisir à ma compagne et mettre toutes les chances de notre côté, je renoue avec mes tâches habituelles : je prépare les repas pour que l'on puisse partager ces seuls moments de la journée passés ensemble, vu que je suis sur la route la plupart du temps et elle dans son atelier.

Les déjeuners se déroulent plutôt bien, mais les dîners sont une autre histoire ; mes mauvais réflexes ressurgissent comme des fantômes.

Une fois le dîner terminé, tandis que Michèle sort fumer ce qu'elle appelle sa « cigarette de digestion », j'en profite pour franchir la porte en bois des toilettes à la tapisserie mauve et m'y enfermer afin d'entamer mon propre rituel. Tout se met en place sans que j'aie besoin d'y penser, comme si cela se déroulait de manière inconsciente, naturelle ou instinctive. Je ne me rends pas compte de ce que je fais. Je m'agenouille devant les toilettes, mets mes doigts au fond de ma gorge pour faire sortir les aliments ingérés lors du repas. Puis je file dans la salle de bains me laver les dents et le visage.

Michèle se doute sûrement du retour de mes vomissements car, progressivement, elle va de moins en moins fumer après le repas. Alors je prétexte devoir faire quelque chose dans mon bureau, installé dans le sous-sol de la maison, pour rejoindre les toilettes attenantes, loin des oreilles de ma compagne.

Progressivement, je me repèse aussi le matin. Je ne me rends compte de rien, ne me pose aucune question, je le fais, c'est tout.

Je ne maigris pas, mais pour le moment cela ne me pose pas trop de problèmes.

*

L'ambiance à la maison n'est pas toujours au beau fixe mais nous faisons chacune des efforts. Je prends sur moi lorsque des choses ne me plaisent pas, et elle fait de même.

Le mois d'août arrive et, avec lui, les déplacements professionnels pour exposer les bottes d'équitation que je dessine et conçois. Je pars à un meeting de propriétaires de chevaux avec deux copines dirigeant une sellerie itinérante, que je vois souvent les week-ends. Ce meeting s'annonce comme un bol d'air frais.

Mais, très vite, ce qui devait être une bulle d'oxygène dans mon cauchemar quotidien se transforme en calvaire. Je ne mange pas. Ni à midi ni le soir. Et si j'avale un petit truc, je me fais immédiatement vomir. Mes copines me connaissent. Garance me secoue les puces pour que j'ouvre les yeux sur ma situation, mon couple, ma vie. Elle me voit me détruire à ses côtés et, en tant qu'amie, ne peut me laisser faire. Si aujourd'hui je la remercie, à ce moment-là je ne veux surtout pas l'entendre.

Au retour, je sens pertinemment que ça ne va pas, que je ne mène pas la vie que j'aurais voulu avoir. Tout est compliqué avec Michèle, notre couple est chaotique même si les sentiments sont encore présents. Comme rien n'est simple, tout devient prise de tête. Et au milieu, il y a cette entreprise dont j'ai la gérance et dont Michèle est actionnaire à 50 %. J'ai tout sacrifié pour la développer et pour qu'elle et moi obtenions un niveau de vie plus que correct. Et je suis fière, car j'y, nous y sommes parvenues !

*

Les mois s'enchaînent, je ne mange pas trop, je me fais vomir si j'avale quelque chose le soir, je ne maigris pas tant, comme si mon corps était habitué.

Entre Michèle et moi, la situation empire. Nous sommes désormais en colocation plus qu'en relation de couple. Mais, persistant à faire abstraction de cette vérité, nous continuons à travailler.

*

Novembre arrive. Avec la tension à son summum en cette période d'expositions et de salons où se joue la plus grosse partie de notre chiffre d'affaires annuel. Il ne faut rien lâcher. Michèle me met une pression folle ; j'ignore même si elle en a conscience. Quoi que je fasse, ce n'est jamais assez bien, je ne vends jamais assez, elle exige toujours plus, et comme je ne veux pas la décevoir j'essaie de faire de mon mieux… Pas forcément facile.

Ce matin-là, départ à destination de Equita'Lyon pour une semaine avec maman. Je suis motivée comme jamais afin de dépasser les chiffres de l'année et satisfaire Michèle dans l'espoir d'obtenir enfin un mot, un geste positif de sa part.

Mais la spirale est enclenchée. Quelques échanges avec ma mère l'attestent :

— Marie-Anne, tu as maigri.

— Bien sûr que non, tu as vu comme je suis grosse ? Regarde mes cuisses et regarde là, ce n'est même plus des poignées d'amour que j'ai.

— Marie-Anne, tu as faim ? Tu veux manger quoi ?

— Maman, je n'ai pas faim, je mangerai plus tard.

Ce jeu de questions/réponses ponctuera tout le séjour et perdurera plusieurs mois. Ma mère essaie tant bien que mal de me proposer à manger sans déclencher de conflit ; elle n'obtiendra jamais gain de cause.

Cette semaine de salon se compose de beaucoup d'heures de travail, peu d'heures de sommeil, mais surtout très peu d'apport nutritif. Un bout de pain par-ci, un autre par-là, et la tête qui tourne. Quand le malaise menace, je grignote une barre chocolatée pour tenir sans tomber.

Afin de ne pas me sentir mal, je joue à l'équilibriste entre l'absence de sensation de faim et l'obligation de nourrir mon corps.

Avec maman, toujours, qui regarde cela de très près – elle est avec moi – mais de très loin dans les actes, comme si tout semblait normal. Ou peut-être est-ce devenu normal puisque c'est désormais la troisième fois qu'un tel processus se met en route ?

*

Retour de Lyon. Ouf, moins 7 kilos sur la balance. Pourtant, quasiment 7 de plus dans le miroir. Je prends Michèle à partie :

— Regarde, là, sur mes hanches, et là, sur mes cuisses... hmm, oh, là, là ! Et ces poignées d'amour...

Et la routine revient. Les critiques, les engueulades, tout le reste. Les jours s'écoulent, en tension.

« Tiens, je n'ai pas mangé depuis plusieurs repas... Si je sens que ça ne va pas, j'avalerai quelque chose. Allez, je m'en fais la promesse. »

« Ce matin, le réveil est un peu plus raide... J'ai mal au dos, là, en bas... Pffft, c'est trois fois rien, ça doit être musculaire. »

Les jours s'enchaînent. Et se ressemblent.

*

C'est à Lyon, je crois, que j'ai pris conscience que ma relation avec Michèle n'était plus possible parce que tout simplement finie. Jusqu'alors je refusais de l'admettre. Je ne voulais pas lui faire de mal et, surtout, je savais que j'allais souffrir si nous nous séparions. Sept années ensemble ne sont pas rien. En outre, j'avais tellement peur des réactions de notre entourage. Et si la rupture se passait mal, et si nous entrions en conflit, et si... ?

J'ai beaucoup évoqué ces questions avec une psy et compris qu'en voulant à tout prix préserver Michèle, en retour je me détruisais. Il était beaucoup plus simple de me faire du mal qu'à la personne que j'ai aimée et qui a partagé ma vie pendant tant d'années.

*

Papa va me faire sortir de la routine en train de me tuer, doucement mais sûrement. En effet, un jour, il ne me laisse plus le choix : je dois choisir entre ma compagne et lui.

26

Anorexique

Marie-Anne

Ne pouvant que déplorer mon état, Michèle m'exhorte à retourner voir mon médecin, Nathalie Boulanger, qui me suit depuis plusieurs années. J'appréhende cette rencontre car la thérapeute dit les choses comme elles sont, sans recourir à des pincettes. Et je sais que ce qu'elle va m'asséner ne me plaira pas.

Un soir, je finis par me rendre chez elle. Comme toujours, je suis accueillie par ses chiens que je prends le temps de caresser. Nous nous installons face à face autour de la table basse en verre du dessous de laquelle je tire un pouf noir pour m'asseoir.

Nous commençons à discuter, de tout, de rien, des chevaux, de son fils, du travail, de l'entreprise, et, petit à petit, nous abordons mon couple avec Michèle. Dès que Nathalie me pose des questions sur cette relation, je me mets à pleurer. Elle me fait parler de mon état, de mon parcours et des troubles alimentaires que je traîne depuis mon retour des États-Unis.

On échange pendant plus de deux heures. Le verdict tombe : je suis atteinte d'anorexie mentale, et ce depuis l'âge de 13 ans. Un coup de massue car personne, jusqu'alors, ne m'a parlé de ça. Elle ajoute que je suis actuellement « en crise » et me demande de trouver l'élément déclencheur.

Mais pourquoi me dit-elle malade ! Je suis juste comme ça lorsque la vie n'est pas vraiment rose, c'est tout.

*

À l'instar de Michèle qui a déclenché le rendez-vous avec le docteur Boulanger, laquelle me fait prendre conscience que la relation avec ma compagne ne peut plus durer, c'est sous l'impulsion de mon père que j'en viens à y mettre un terme.

Après avoir laissé passer de longs mois sans rien dire, papa me fait comprendre que je ne peux plus continuer à maltraiter mon corps ni rester dans un couple où, à ses yeux, je ne suis pas heureuse. Il pose un ultimatum : si je ne mets pas fin à ma relation et à la routine qui me tuent doucement mais sûrement, il ne veut plus me voir.

Je tombe des nues. Comment ose-t-il me demander de choisir entre la femme avec laquelle je suis et lui-même alors qu'il ne connaît rien à ma vie ?

Mais j'ai peur de ne plus voir ce papa qui, même s'il n'a pas toujours été présent physiquement, a toujours tout fait pour que nous soyons bien et ne manquions de rien, mes sœurs et moi, malgré les circonstances et les épreuves que lui-même a traversées.

Dans ma tête le choix semble évident, j'aime mon père, lui m'aime aussi et notre lien est indestructible. Certes, il est particulier, il ne manque pas de caractère – euphémisme –, de défauts – une litote –, mais il a beaucoup de qualités aussi. Je l'accepte comme il est et je le respecte.

Néanmoins, ce choix sera bien plus difficile, douloureux même, qu'il n'y paraît.

*

Mon courage pris à deux mains, j'annonce à Michèle que je préfère que nous nous séparions. Au courant de l'ultimatum, abasourdie, elle ne comprend pas mon choix. Elle m'en voudra, du reste, longtemps – et peut-être même aujourd'hui encore.

Les séparations sont souvent dures, orgueils blessés et mal-être qui ressortent. La nôtre n'a pas échappé aux querelles, aux mesquineries. Toutes nos discussions, les accords que nous avions fixés en temps de « paix » vont ainsi voler en éclats. Une guerre, que je n'aurai pas la force d'affronter, débute. D'abord, signe de possession ultime, mes affaires et surtout mes animaux – auxquels je suis tant attachée – se voient séquestrés. Ensuite, sur le plan professionnel, on me pousse à quitter l'entreprise créée ensemble. Aucune des deux ne saura raisonner l'autre – trop d'affect nous lie – pour éviter de foutre en l'air cette société, à défaut du couple lui-même. Aujourd'hui encore, je trouve tellement dommage ces déchirures et nos incapacités à prendre suffisamment de recul et limiter la casse.

Après avoir quitté la maison sans rien, c'est chez ma sœur que je trouve refuge.

*

Afin que je puisse au moins récupérer quelques vêtements, Michèle accepte de nous donner un jour et une heure de déménagement. Vu mon état de faiblesse, Marie-Sophie préfère y aller seule après m'avoir déposée chez maman. Mon absence va provoquer un ouragan.

J'avais expliqué avec soin à mon aînée où elle trouverait chaque objet dont j'avais besoin pour continuer à travailler. Je me souviendrai toute ma vie du moment où elle m'a appelée pour dire que rien n'était à sa place : ordinateur, chéquiers de la société, classeurs de factures et de commandes, tout avait disparu du bureau.

J'entends le ton de ma sœur monter à l'autre bout du téléphone avant de raccrocher. C'en est trop pour moi. L'angoisse me prend, j'ai du mal à respirer, je me sens partir. J'ai juste le temps d'appeler maman sur son lieu de travail pour lui dire de me rejoindre au plus vite. La panique me gagne. Ma respiration n'est pas comme d'habitude, mon cœur bat trop lentement, mes paupières sont lourdes, je n'arrive plus à garder les yeux ouverts. Survient le trou noir. Je ne me souviens de rien.

*

Lorsque je reprends mes esprits, les pompiers sont à mes côtés. Sur le visage de ma sœur, au pied du lit, je lis le désespoir et la tristesse qui l'envahissent. José, mon beau-frère, me tient la main, accroupi. Cette scène annonce la couleur des mois à venir.

Heureusement, je pourrai compter sur le soutien de Marie-Sophie, sur son envie inébranlable de me sortir de là, de me sauver de la pente qui me mène vers la mort.

En me prenant sous son aile, surtout en me disant que je suis malade, elle va me sauver. Car elle a raison, je suis bel et bien anorexique. Et déjà très affaiblie par ce fléau qui a pris le dessus.

27

Une relation toxique

Pierre

Quel con j'ai été ! Voilà tout ce que je peux admettre. Mais il est facile de me juger ainsi aujourd'hui, compte tenu de ce que je sais, de la douleur vécue par Marie-Anne, de l'immensité des problèmes liés à sa relation avec Michèle. En fait, au début, j'ai voulu jouer au père qui pense que l'amour n'a pas de genre, pas de sexe, pas d'identité : je le répète, quel imbécile !

Il ne s'agit pas, bien entendu, de juger une relation, un amour, par le prisme de son homosexualité. Qu'il s'agisse de deux hommes, deux femmes ou de qui que ce soit, peu importe, ce qui compte ici, c'est tout simplement la méthode.

Depuis plus de vingt ans que je fréquente nombre de psychiatres – le mien à l'hôpital Sainte-Anne, et ceux de mes enfants que j'écoute ou dont j'entends les recommandations –, j'ai fini par entendre les analyses des médecins sur l'origine de la maladie de mes filles : « Vous donnez, par votre vie, une représentation du couple parental qui peut amener vos enfants à devenir anorexiques. »

C'est vrai : je ne suis pas resté avec les mères de mes enfants, qui se trouvent aussi être sœurs.

Et après elles, toutes les femmes que j'ai fréquentées avaient vingt-cinq ans de moins que moi ; avec celle qui partage aujourd'hui ma vie, Patricia, nous avons trente-trois ans de différence ; pas simples pour mes filles pour qui cela n'est ni banal ni facile à admettre. Avec un tel CV du cœur, qui suis-je pour juger une relation, *a fortiori* de l'une de mes trois filles ? Pour autant, concernant la compagne de Marie-Anne, il y avait chez elle quelque chose qui me perturbait dans son attitude ou sa personnalité, et que je refusais d'admettre ou voir.

*

Je me souviens du jour d'été où je vis arriver l'énorme bouquet de roses dans la maison que j'occupais avec mes enfants à Cannes et où nous passions des vacances. La surprise ne venait pas du bouquet, bien que j'aie trouvé un peu « gonflé » de l'envoyer juste au moment où Marie-Anne se trouvait chez son père, mais de la carte qui l'accompagnait, ostensiblement apparente et signée « Michèle ». Le côté ostentatoire traduisait – je l'ai interprété ainsi par la suite – une volonté de revendication, d'affirmation, de possession presque, quasi de manipulation pour bousculer les autres. Si le militantisme ne me gêne pas – il est souvent nécessaire – ici il me paraissait mal venu et surtout déplacé car risquant de mettre Marie-Anne, déjà fragile, en porte-à-faux.

Je ne pouvais ignorer que l'expéditeur était une femme ! C'était, j'en suis persuadé, le but. Dans le climat détendu des vacances, en bon papa tolérant, j'ai sorti des phrases toutes faites : « L'important c'est que tu sois heureuse. » « Si vous vous aimez, rien d'autre ne compte. » « La différence d'âge n'a pas d'importance, elle te transmettra son expérience. » « Homme, femme quel enjeu ? Ce qui compte c'est ce que tu ressens et ton bonheur. »

Je ne peux que le répéter encore, quel aveuglement ! Le caractère homosexuel de cette relation m'a fait ne voir que lui, enquiller les belles idées et oublier les bases essentielles de toute histoire d'amour : les deux sont-ils bien assortis, le duo équilibré, etc. Je n'ai plus rien vu d'autre.

En raison de la « tolérance » qu'il me fallait afficher pour la nouvelle compagne de Marie-Anne, j'ai négligé mon devoir de parent. Et n'ai posé aucune question sur la profondeur des sentiments ni tenté aucune rencontre préalable pour bien comprendre l'histoire, regarder l'existence de certaines valeurs communes, découvrir la personne aimée par ma fille. Du fait que cette relation était « homosexuelle », hors norme presque, elle échappait d'elle-même aux interrogations normales d'un père envers l'avenir amoureux et affectif de sa fille. Du coup, tout fut facilité mais aussi faussé dès le début.

Je me présentais auprès de mes amis avec ce couple d'un genre nouveau, fier comme un benêt du village, sans songer aux recommandations et aux mises en garde de mes copains gays sur la toxicité possible, non d'une telle relation mais de la façon dont précisément celle-ci débutait puis se déroulait...

C'est même moi qui ai sommé Michèle de choisir entre ma fille et sa précédente compagne quand Marie-Anne est arrivée un jour en pleurant car elle voulait emménager avec son amoureuse.

Totalement chloroformé, le Botton, perdant ses repères, comme les réflexes de protection de base. Un aveuglement que je n'aurais jamais eu si ma fille avait rencontré un homme.

Je n'ai donc qu'un mot. Enfin, deux : quel con.

28

Ultimatum

Pierre

Lorsque les relations se sont vraiment dégradées entre Marie-Anne et sa compagne, j'ai été appelé à la rescousse. Puisque c'est moi qui avais imposé à Michèle, au début de leur histoire, de choisir entre ma fille et son ex-copine, une immense responsabilité reposait sur mes épaules. Et sans doute étais-je légitime à intervenir.

Malheureuse, prise dans la spirale négative de ce couple – selon ses propres paroles – en fin de cycle, sous pression dans son travail, ne s'y retrouvant pas dans son salaire, souffrant désormais des répercussions et des aléas de cette séparation houleuse – un grand classique – il lui fallait mon concours. Mes conseils aussi.

Ce que j'ignorais, c'était leur montage financier. Elles étaient dans le fameux 50/50 qui complique tout, car dans le travail il faut un patron. Je l'ai vécu dans le business, la seule chose qui compte, c'est la majorité. Ne jamais être dans une situation d'égalité ou d'infériorité, sauf si on ne veut vraiment pas intervenir dans une entreprise et se contenter d'être un *sleeping partner*.

J'ai donc osé un ultimatum quelque peu rude mais qui va porter ses fruits et aider Marie-Anne à s'éloigner, avec le temps, de son ex-amoureuse ; je lui ai dit : « Soit tu la quittes définitivement, soit je coupe les ponts. » Le déclic a eu lieu ; ma fille a agi en conséquence.

*

La séparation engagée, une nouvelle vie s'ouvrait devant elle. Du moins je le croyais… Car j'ignorais alors que sa maladie allait empirer : lors d'une déception amoureuse, d'une séparation, on peut avoir un rapport difficile avec la nourriture. Certains mangent trop, d'autres ne s'alimentent plus. À 64 ans, j'ai vécu nombre de séparations dont l'une m'a fait passer de 103 kilos à 80 en un temps record, je l'ai évoqué plus haut. Je croyais donc que c'était « normal » en ces circonstances. Et n'avais jamais pensé que l'on pouvait parler au sujet de Marie-Anne d'anorexie.

*

Si je n'ai jamais vécu avec mes filles, je pense avoir été présent à chaque moment important de leur vie et j'ai estimé qu'elles pouvaient me parler en toute liberté, sans se sentir jugées. Pour autant, lentement et sans m'en apercevoir, je suis devenu à leurs yeux une sorte d'autorité suprême, rôle que je suis loin d'assumer et que je ne comprends guère : pourquoi lorsqu'elles sollicitent un simple conseil de ma part il se transforme instantanément à leurs yeux, en verdict ferme et définitif, malgré mes recommandations de ne suivre que leur propre instinct ! Mon but est de les faire réfléchir, mais jamais, au grand jamais, de les orienter.

Ainsi, j'ai tenu le mauvais rôle auprès de ma dernière fille. Celui de la fermeté, de la sévérité, qui, au final, m'a éloigné d'elle. Alors que moi aussi j'aimerais leur faire des câlins plutôt que de jouer le rabat-joie, afin de les pousser à tout envisager et d'affirmer leurs certitudes sur leurs choix. J'ai élevé mes filles dans l'indépendance de leurs grandes lignes de vie, dans le choix de ce qui était bon pour elles, loin des codes et des habitudes, de toujours faire ce qu'elles ressentaient et de n'être là que comme un recours.

Au fond, bien qu'absent de leur quotidien – qui doit être très lourd, j'en suis conscient – je n'ai quasiment pas de souvenirs de mes trois filles venant à moi juste pour rechercher de l'affection ou partager de la gaieté.

*

À vrai dire, je ne suis pas le seul à entretenir des relations complexes avec mes enfants. Un jour, alors que j'attendais dans la salle d'attente d'un hôpital pour un examen, j'ai assisté à une scène incroyable.

Je vis un homme entrer en trombe dans une chambre dont la porte ouverte se trouvait dans mon champ de vision, un médecin à son côté. Il y avait aussi une femme et une jeune fille – très maigre. Débuta un dialogue entre cette dernière et celui que je compris plus tard être le père. Le médecin déclara qu'il lui fallait emmener sa fille aux urgences psychiatriques de Sainte-Anne. L'homme se tourna alors vers l'adolescente.

— Je ne veux pas te parler, dit celle-ci d'emblée.

— Chérie, il faut prendre conscience que tu n'y arrives pas toute seule, il faut te faire aider.

— Non, je ne veux pas. Je vais y arriver.

— Il n'y a plus d'autre choix. Si nous n'y allons pas maintenant de notre propre gré, cela se terminera par une hospitalisation d'office.

— Je ne veux pas. Tu ne t'es jamais occupé de moi, je suis majeure, je ne vois pas pourquoi tu veux maintenant me conseiller quoi que ce soit, ni de quel droit tu le fais. Tu n'es pas ma famille.

Une infirmière entre, l'adolescente lui demande :

— Madame, j'ai 18 ans et je ne veux pas que ce monsieur reste ici. Pouvez-vous lui demander de sortir ?

Le médecin, à ses côtés, précise à la professionnelle de santé :

— C'est le papa.

— Oui, eh bien, cela ne l'autorise pas à être dans ma chambre alors que je le refuse.

Le papa, atterré et au bord des larmes, sort, et vient s'asseoir dans la salle d'attente.

Finalement, après quelques échanges avec l'incroyable médecin, hors de la présence du père, la jeune fille accepte de l'accompagner à Sainte-Anne.

Je me lierais de sympathie avec cet homme un jour de passage à Sainte-Anne tant, malheureusement, il est rare de n'aller dans les hôpitaux psychiatriques qu'une fois, les maladies mentales étant longues. Même si les crises sont espacées, le point d'ancrage reste l'hôpital d'urgence.

Il me racontera que, pendant le trajet en taxi, sa fille tournait ostensiblement la tête vers l'extérieur, ne le regardait jamais, ne lui adressait pas la parole. À chaque feu rouge, l'angoisse de devoir courir après la frêle silhouette de son enfant si l'idée lui venait, au milieu des embouteillages, d'ouvrir la portière et de s'enfuir, lui serrait la gorge.

Nous savons tous que l'expérience individuelle ne sert pas toujours aux autres. Mais parler, échanger avec des gens qui comprennent le stress, les doutes, le mal-être, la maladie, est essentiel. Comme ce père, je sais combien il est difficile d'endosser un rôle d'autorité, *a fortiori* lorsqu'on a conscience d'avoir passé soi-même sa vie à se tromper.

La vie n'est assurément pas un long fleuve tranquille.

29

Enfer

Marie-Sophie

Suite à la dernière « grosse crise » de Marie-Anne j'essaie tous les jours d'éviter l'engrenage dans lequel la pousse la maladie. Car le moindre petit grain de sable venu perturber la vie quotidienne empêche le processus de « normalisation » de se poursuivre et la refait plonger.

Il arrive parfois que je ne la vois pas pendant trois jours, court laps de temps qui suffit à lui faire perdre 5 kilos. Je comprends donc, chaque fois, qu'une simple contrariété peut chambouler son état psychologique. Des événements qui, pour monsieur ou madame tout le monde, paraissent anodins.

Malgré le fait qu'elle se batte – vraiment – chaque jour, nous nous devons de l'aider, tant mener ce combat seule n'est pas facile.

*

Ma sœur reproche souvent à mes parents de ne pas avoir été présents pendant la grosse crise où elle a frôlé le pire. Vrai, faux. Les deux évidemment.

Maman, que je qualifierais de « femme de footballeur », c'est-à-dire que sa personnalité la pousse à toujours cacher au public ce qui se passe en coulisses, a toujours été dans le déni face à l'anorexie. Elle, qui nous a consacré sa vie, ne comprend sans doute pas pourquoi ce mal apparaît. Pourquoi, après toutes les difficultés déjà endurées, sa fille se trouve dans cet état ?

Papa, lui, n'a jamais vraiment vécu avec nous au quotidien. Et cette maladie reste abstraite à ses yeux. Bien sûr, ce qui atteint ses proches l'affecte au plus profond, ce qui lui vaut des crises de panique, mais il vit dans l'action et se retrouve impuissant face à la descente aux enfers de sa fille. Ne rien pouvoir faire de concret l'anéantit.

Les choses se seraient-elles déroulées de la même façon s'ils étaient intervenus ? La bulle que j'avais créée aurait-elle résisté ? L'auraient-ils fait hospitaliser ?

Nous n'en savons rien. Le processus s'est déroulé ainsi et le résultat est là : aujourd'hui Marie-Anne se bat, tournée vers l'avenir, avec des projets de vie sur le long terme, mais l'anorexie reste tapie, sournoise.

Comme on dit chez nous : « Faisons confiance au destin. » L'erreur étant humaine, quel parent supporterait de voir son enfant dans un tel état de maigreur sans en être affecté, surtout s'il n'est pas guidé par des spécialistes… qui n'en savent pas plus que nous, dirait-on.

N'oublions pas qu'une fois le poids repris, la maladie demeure car elle est psychologique. L'entourage se doit donc d'intervenir à sa façon pour que le malade ne sombre pas de nouveau.

Et croyez-moi ce n'est pas facile !

*

Après sa rupture avec Michèle, j'ai installé Marie-Anne et sa chienne chez moi. Ma petite sœur était à bout, désemparée, fragile, ses forces semblaient l'avoir abandonnée.

Des documents importants étaient restés au domicile de Michèle ; j'ai eu le plus grand mal à les récupérer ; même la pièce d'identité de ma sœur.

Quand elle eut connaissance de cette situation plutôt « musclée », Marie-Anne fit un malaise. L'intervention des pompiers fut nécessaire, et nous nous sommes tous retrouvés à l'hôpital. Ma sœur en resta « paralysée » plusieurs jours, des douleurs musculaires terribles l'empêchant de se déplacer sans notre aide.

Elle finira par récupérer. Et je lui ai imposé un rythme qui, je le reconnais aujourd'hui, était très certainement trop soutenu, vu son état.

30

Lâcher prise, enfin

Marie-Anne

Je retourne chez le médecin sous l'œil protecteur de Marie-Sophie. Encore un rendez-vous qui va durer plus d'une heure et demie. La docteur Boulanger prend le temps de bien m'expliquer les choses afin que je comprenne les tenants, aboutissants et perversités de l'anorexie, afin aussi qu'on puisse mettre tout en œuvre pour m'en sortir. N'ayant jamais eu de traitement spécifique puisque personne n'avait mis de nom sur le mal qui me rongeait depuis des années, ce sera ma première expérience avec les médicaments... et pas des moindres.

*

La femme médecin explique qu'elle me met sous Effexor, un antidépresseur dont l'action de la molécule permet de prendre du recul sur les situations, ce qui aide à la prise de conscience.

Je vais commencer par un petit dosage – qui va très vite doubler voire tripler.

Le deuxième médicament, c'est du Lysanxia, un anxiolytique. Il va me détendre et diminuer le stress qui m'envahit depuis la confrontation avec Michèle et la séparation douloureuse qui s'ensuit. Là encore, les doses vont vite augmenter car je dois lâcher prise pour me soigner et sortir de l'état critique dans lequel je m'enfonce. Mon cerveau doit cesser de me faire du mal, de me détruire.

*

Maman contacte la Maison de Solenn afin d'obtenir de l'aide. Mais à part lui donner le nom d'un psychologue, son équipe ne fera rien pour moi : je suis trop vieille et pas assez maigre.

Je vais donc m'entretenir avec une psychologue dont le cabinet se trouve près de Paris. Pour la première séance, la docteur Z. demande la présence de mes deux parents. Je pars de la maison avec maman, papa nous rejoindra directement là-bas. Je redoute ce moment, sachant que mon père peut piquer des colères assez impressionnantes. Et je n'ai pas la force mentale de les affronter.

Papa est toujours à mille lieues de réaliser concrètement ce qui m'arrive. Pour lui, comme il va l'exprimer durant la séance, je fais « du cinéma pour attirer l'attention » et ne suis absolument pas malade.

Il ira jusqu'à affirmer que je ne suis pas maigre et donc en rien anorexique. Mais se souvient-il de ma silhouette passée, lui qui ne me voit pratiquement jamais ? Je ne pense pas, sinon il ne tiendrait vraisemblablement pas un tel discours. C'est vrai, aussi, que j'ai pris l'habitude de me cacher sous plusieurs couches de vêtements pour éviter les regards.

Maman, de son côté, s'en est rendu compte sans que je le lui dévoile. Mais elle ne m'a jamais dit quoi que ce soit.

La séance a lieu, et vire au désastre. Papa quitte le cabinet en claquant la porte. À cet instant, je devine que la médecin comprend que ça sera compliqué. Elle me garde avec maman, puis sans maman, de longues minutes.

Le protocole tombe : je dois venir en consultation au minimum une fois par semaine, dans son cabinet de Pontault-Combault. Maman m'y accompagnera tous les mercredis après-midi.

31

La Maison de Solenn

Pierre

Depuis quelques semaines, je savais qu'Anne-Valérie s'était rendue à la Maison de Solenn, du nom de la fille de mon ami Patrick Poivre d'Arvor, établissement spécialisé – on l'a vu – dans l'accueil des personnes atteintes d'anorexie.

Mais l'un des problèmes de cet établissement, c'est qu'il s'adresse aux très jeunes adolescents. Si votre enfant approche de 18 ans, il lui sera préféré quelqu'un de beaucoup plus jeune afin d'être sûr de pouvoir le suivre dans la période critique. Du coup, les médecins ne sont plus dans la même logique avec une personne plus âgée. Je serais même tenté de dire que certains « jouent la montre » afin de faire sortir du cadre fixé les adolescents signalés trop tardivement. Que l'on soit en France, au XXIe siècle, dans une telle logique de sélectivité à cause du manque de places pour cette pathologie est tout simplement lamentable.

Lâchement, je faisais donc confiance aux médecins et laissais sa maman gérer la maladie.

Ce que j'ignorais, à l'époque, c'est que quand ma fille, des démons plein la tête, disait qu'elle ne voulait pas cela, c'était vrai ! Que lorsqu'elle disait qu'elle se battait, c'était vrai ! Elle luttait mais ne pouvait rien faire. Et cela les médecins – les sachants – n'ont pas su me le faire comprendre, me laissant dans la croyance que la volonté pouvait tout diriger d'une vie. Or ce mal a une telle emprise sur les choses, les gens, qu'il empêche sa victime d'être responsable de ses actes, de ses mots, de ses pensées.

*

C'est à la suite d'une réunion avec l'un des énièmes psychiatres recommandés que j'ai décidé, pensais-je, de « prendre les choses en main » : on allait voir ce qu'on allait voir.

Si tout était aussi facile, ça se saurait, mais qui aurait pu – dû – m'avertir ? Qui aurait dû – pu – me faire comprendre que ma fille n'était plus en état de décider quoi que ce soit, que ses mots et sa pensée n'étaient précisément plus les siens ? J'allais peu à peu l'apprendre. À mes dépens. Et surtout aux siens.

*

Pour la première fois, donc, je me rendis avec Marie-Anne chez une psychiatre spécialisée pour un entretien familial.

Ma fille est déjà là. Nous échangeons un timide bonjour et une petite bise habituelle. Dans le bureau, une catastrophe m'attend. Moi, comme un imbécile, je joue ma partition classique :

— Je ne veux plus entendre parler de tout ça ! Marie-Anne veut se rendre intéressante. J'ai vu Solenn malade et notre fille n'a pas du tout les mêmes symptômes.

Comme si j'étais apte à juger ! Comme si avoir côtoyé Solenn trois-quatre jours d'affilé me permettait de comparer ce qui n'est pas comparable ? Chaque malade est différent, et s'il existe des similitudes, il ne faut jamais minimiser l'état de l'un au regard de ce qu'on a ou aurait vu chez un autre.

Marie-Anne encaisse, avec une force que j'admire aujourd'hui. Elle pleure devant ce père qui ne comprend rien, qui ne lui sert à rien, ce père auquel elle crie sans doute son amour, son manque et qui ne l'entend pas.

La voir ainsi accentue ma réaction butée. Toujours dans l'obsession de la force de la volonté, entendre que je suis un père absent – traduction, dans ma tête : « un mauvais père » –, entendre évoquer des choses dont je serais responsable sans reconnaître ce que j'ai fait m'exaspère. Laissons-lui le temps de se rendre compte de tout ce que j'ai fait pour elle, certes, et si elle a pu vivre à Miami dans des conditions exceptionnelles, avoir des chiens qui voyageaient avec elle, si je m'efforçais de l'appeler tous les jours, etc., que ce ne soit pas porté à mon crédit me fatigue. Elle pense qu'elle n'a rien vécu avec moi tandis que moi je me souviens de multiples week-ends à Disney, des séjours aux Bahamas, au Salvador, au Canada, de matchs de hockey, d'un appartement loué pour les vacances afin de réunir la famille et de vivre un semblant de normalité dans la tourmente qu'étaient nos vies. Alors je m'énerve et balance tout cela. En omettant que je n'étais jamais seul durant ces séjours, toujours accompagné de ma compagne de l'époque, comme si j'avais peur de mes filles, comme si je me demandais à quoi je pouvais servir pour elles. Peut-on aimer ses enfants lorsque l'on n'a pas été aimé soi-même ? Sans doute pas bien. Est-ce une raison pour reproduire sur les autres ce que l'on a vécu ? Évidemment non. Les vacances à Cannes, les nombreux voyages en Europe, et j'en passe, sont partis aux oubliettes et ce que je perçois comme un règlement de comptes, parfois non exprimé, mais à mes yeux sous-jacent, m'épuise et me met en colère.

Mes mots sortent dans le désordre, trop vite, trop vifs, avec un tempo, un ton, une intensité qui montent. Je sais ce que j'ai vécu, je sais comment il faut faire pour se battre et en sortir, je m'efforce de prendre sur moi pour ne pas parler de tout ce que j'ai à dire sur les uns ou les autres, sauf sur Anne-Valérie, mère courage, femme abandonnée, force d'amour et de silence, je ne veux plus entendre parler de séances de psy si c'est pour être mis sur le banc des accusés, etc., tout se déverse.

Une fois la diatribe d'un homme aussi énervé que désemparé achevée, Marie-Anne, la tête appuyée sur le mur, après plusieurs sollicitations de la médecin, ne répondra rien.

Je quitte la pièce. L'entretien est terminé. En narrant cet épisode, j'ai honte de mon comportement. Je ne me trouve aucune excuse, aucune. Peut-être l'attitude de mon propre père à mon égard ? Mais est-ce une excuse ?

*

Après cet épisode, c'est sa maman qui me tiendra au courant de l'évolution de la maladie de notre fille. Mais j'aurai très peu de nouvelles, Anne-Valérie déléguant elle aussi une partie de l'accompagnement à notre aînée, Marie-Sophie.

Cela aussi, je l'ignorais.

32

Un accord pas si parfait

Pierre

Je veux évoquer ici la relation avec l'autre parent face à la maladie d'un enfant, qui est l'une des choses les plus importantes et complexes à gérer. Qui plus est, lorsque les parents ne sont plus ensemble.

Anne-Valérie est sans doute dans le déni, comme l'écrit et le pense notre enfant, et ne communique pas sur le sujet. Ni avec Marie-Anne, ni avec moi. Parce que son propre rapport au poids – elle ne s'en cache pas – est complexe ? Parce qu'elle sait qu'il est difficile d'en parler, elle victime de railleries à ce sujet durant l'adolescence ? Parce qu'il est trop terrible d'imaginer son enfant atteint ?

Peut-être, toujours est-il qu'entre son silence, mes réactions – je l'admets – trop éruptives, Marie-Anne va décider de gérer le fléau à sa manière. Dans son coin. Avec une personne en qui elle a confiance. Sa sœur. Et ses proches, estimant – à tort – que je m'en moquais à la suite de cette réunion, que je n'avais pas appréhendé le problème, ont jugé contre-productif de me mettre au courant.

Tout m'échappe donc, alors que j'entretiens d'excellentes relations avec sa maman.

*

Quand, parents, on entre dans l'univers de l'anorexie, deux attitudes apparaissent. Se taire, ne jamais en parler, comme si personne n'était capable de comprendre. Ou au contraire, échanger, entendre, apprendre. Étant de nature à beaucoup m'exprimer, j'ai essayé (plus tard) de comprendre le processus du mal, les étapes de son évolution, mais aussi la manière dont d'autres couples agissent, réagissent. Rien n'est jamais simple.

Exemple qui m'a été rapporté.

Un couple, en province. Séparés et pas toujours sur la même longueur d'onde, ils font ce qu'ils peuvent. L'adolescente est devenue une jeune femme qui prétend s'émanciper. Mais que faut-il faire : accepter et courir le risque de la laisser seule, sans surveillance, ou au contraire la garder dans la maison de famille, avec sa maman, pour maîtriser – bien qu'impossible – les choses ? Le père privilégie la seconde option, mais s'est engagé à financer le studio si leur fille obtenait son baccalauréat, ce qui fut le cas. Hélas, après quelques mois d'essai infructueux, ils rendent les clefs du petit studio. Bien que celui-ci sache que la mère de l'enfant l'aime de toutes ses forces – il n'y a aucune échelle de comparaison à mettre en place, ce n'est pas le propos – il constate combien il est difficile de gérer à deux, combien ce qu'il faut faire ou ce que l'on croit bon de faire, personne ne le sait. Quand il décide de laisser la main, se pensant bon à rien, c'est sa fille qui lui adresse un texto d'encouragement visant à lui montrer combien elle se bat. Il le reconnaît : son épuisement, le manque de résultats, la souffrance de son enfant qui laisse passer tant d'opportunités et s'isole, le poussent à croire que seule une hospitalisation lui permettrait de sortir de cet enfer.

Mais comment faire lorsque la maman n'est pas de cet avis, lorsqu'elle argue que leur fille atteindra bientôt la majorité et sera en mesure de décider par elle-même du traitement ?

Terribles tiraillements.

33

Le poids, mon pire cauchemar

Marie-Anne

Mon obsession, mon pire cauchemar, ma bataille de chaque instant reste le poids.

Ce qui m'éprouve le plus dans cette maladie, ce n'est pas le regard des autres mais, comme écrit plus haut, mon jugement sur moi-même. Lutter contre relève du combat quotidien, même lorsque la crise est passée, parce que me voir a un effet dévastateur sur mon moral et alimente le cercle vicieux.

La volonté d'aller plus loin dans l'amaigrissement m'habite en permanence car, quoi que je fasse, je me trouverai toujours trop grosse. Même si le poids affiché sur la balance a diminué et m'indique que j'ai maigri, la vue de mon reflet dans le miroir est déformée ; je ne me vois pas telle que je suis et continue à me trouver encore plus grosse qu'avant.

À chaque nouvelle crise, je me fixe un poids inférieur à atteindre auquel je n'aurai plus qu'à me stabiliser. Mais, systématiquement, le reflet dans le miroir ne me convenant pas du tout, je repousse la limite. Si je sais, depuis peu, que jamais je ne serai satisfaite de mon image ou de ma silhouette sur une photo – la maladie en est la cause –, l'intégrer, l'admettre, changer ma manière de voir sont extrêmement difficiles.

*

Le schéma est toujours identique : descendre à 68 kilos, puis 67, puis 65, puis 63, puis 60. Une fois la barre des 60 atteinte, il me faut aller plus loin, me rapprocher coûte que coûte des 56. J'ignore pourquoi, mon esprit fixe toujours les mêmes paliers, les mêmes objectifs.

Le processus se remet en route régulièrement, avec cette voix dans ma tête qui susurre de nouveau : tu es trop grosse ; ne mange pas, tu vas grossir ; si tu manges demain, tu n'auras pas maigri ; tu as perdu du poids mais ce n'est pas assez, mange moins, ne mange pas… La spirale.

*

Il est très dur pour « les autres », ceux qui ne vivent pas l'anorexie de très près, de comprendre le processus. Même si, nous, malades lucides, l'expliquons, les réactions sont fréquemment les mêmes : « Un peu de courage et ça va aller » ; « Ne joue pas avec ta maladie » ; « Tu fais ça pour attirer l'attention ».

Ces phrases, je les ai tellement entendues. Venant de mon père, souvent, et notamment lors de ma très grosse crise de 2015, mais aussi de mon compagnon, celui qui partage toujours ma vie au moment où j'écris ces lignes.

Celui-ci réalisera que je suis atteinte d'une « vraie » maladie lorsqu'il m'accompagnera chez le médecin en avril 2018, lequel médecin lui expliquera en effet que je ne suis aucunement maîtresse de mes pensées et ne peux me raisonner. Ébranlé, confus d'avoir été sinon injuste du moins maladroit et par moments agressif, en sortant du cabinet il s'excusera. De ses propos outranciers comme de son comportement. Et après cette prise de conscience, il adoptera une autre attitude. Prenant, d'une certaine manière, le relais, la place de ma sœur Marie-Sophie.

Aujourd'hui, même si je connais ma maladie, ses symptômes et ses conséquences, des crises surviennent encore. Aussi il tente de me raisonner en utilisant des arguments liés au sport – sa passion –, m'expliquant ainsi qu'en ne mangeant pas je perds non de la graisse mais du muscle… alors que je ne cesse d'essayer d'en gagner. Une démonstration que je peux entendre. Mais, hélas, pas toujours appliquer.

*

Car je me pèse souvent voire tout le temps. Jusqu'à trois fois par jour.

Quand je ne maigris pas assez, je décide de ne plus manger, d'aller jusqu'à l'extrême limite de mes forces tout en étant encore capable de travailler. J'attends de ne plus avoir d'obligations professionnelles dans la journée pour avaler quelque chose, reculant sans cesse ce moment.

Lorsque j'étais en couple avec Michèle, je me suis beaucoup éloignée des miens, sans m'en rendre compte. J'avais adopté ce mode de vie ponctué de crises, de jeûnes, de solitude. Les jours, les semaines, les mois et même les années se sont enchaînés sans que je voie rien changer.

Mon travail et ma maladie occupaient tout l'espace, je n'exerçais même plus ma passion. Monter à cheval était devenu un luxe, et moi qui adorais les compétitions, je n'en faisais plus aucune. L'anorexie détruit à petit feu. Son corps, comme ce que l'on aime et ce que l'on est.

34

Putains de régimes

Pierre

Il y a une différence notable entre désirer conserver une ligne correcte – ou ne pas se laisser envahir par la graisse – et vouloir maigrir, maigrir, jusqu'à n'avoir plus que la peau sur les os.

Le monde d'images dans lequel nous vivons, où le poids crée une ségrégation entre ceux qui n'ont aucun mal à conserver leur ligne et ceux qui luttent pour ne pas prendre un gramme, entre ceux qui sont proches des images iconiques renvoyées par la presse, les publicités, la télévision, et ceux qui n'y arrivent pas ; ce monde encourage les nouvelles maladies liées à l'apparence. Je le réécris ici : loin de moi l'idée de chercher à me dédouaner de mes responsabilités de père, d'exemple ayant failli, mais il suffit d'allumer la télévision, de voir des clips, de fureter sur Instagram ou de feuilleter un magazine à l'approche de l'été pour constater que le poids fait recette. Une course à la minceur qui alimente le quotidien.

Quand je vois ces « stars » des réseaux sociaux posant à moitié nues, toutes plus minces les unes que les autres, affichant des lignes de rêve quelques semaines seulement après leur accouchement... je sais désormais que ce n'est pas une bonne chose.

Clubs pour maigrir, vedettes vantant leur « régime miracle », crèmes qui promettent de mincir pendant le jour, la nuit, etc., il n'y a plus aucune place pour l'insouciance corporelle !

Nous vivons dans le règne de la minceur, de l'image et de la jeunesse – éternelles ? Nous n'admettons plus le poids du temps, de l'héritage génétique et sans doute de la différence, tout en recourant – avec hypocrisie – au discours inverse. Tel est le paradoxe du monde actuel.

J'ai mis très longtemps avant de prendre conscience que cette obsession avait pris place dans la tête de Marie-Anne au point d'envahir chaque minute de sa vie.

*

Beaucoup de parents d'enfants anorexiques reçoivent des sms de leurs enfants qui incarnent cette dictature du poids. Des sms dictés par la balance : « Ce matin j'ai avalé un petit déjeuner ; j'avais déjà repris 1,5 kilo. »

Ou bien : « Je me mets à manger petit à petit. Je me bats. »

Oui, ils se battent. Comme Marie-Anne. Comme plein d'autres filles et femmes, mais aussi de garçons. Et, pendant que tous souffrent, le monde, lui, ne nous vend et vante que le culte du corps mince. Paradoxe effroyable et effrayant.

35

La bataille pour s'en sortir

Marie-Anne

Quand tombe le diagnostic d'anorexie mentale, je peux enfin mettre des mots sur le mal qui me ronge. Je suis malade. Pour avoir une chance de m'en sortir, il faut soigner ma tête avant de traiter mon corps.

*

Le traitement commence : antidépresseurs et anxiolytiques font désormais partie de mon menu quotidien, à fortes doses. L'anorexie a débuté à la suite d'un choc émotionnel qui a entraîné un état dépressif, les médicaments m'aident donc à aller mieux, à lâcher prise, à cesser de tout contrôler, à stabiliser mon état pour tenter de me reconstruire. Ce qui va avoir un impact considérable sur mon rythme de vie. Moi qui débutais mes journées à 6 h 30, parcourais 2 500 kilomètres par semaine en voiture et travaillais sept jours sur sept, enchaînant les journées de quinze heures et rentrant rarement avant 22 heures – parfois même en pleine nuit –, me voilà désormais assistée par ma sœur pour tout. Marie-Sophie me réveille tant bien que mal à 7 heures du matin, m'aide à m'habiller, me donne mes médicaments, me propose quelque chose à manger – que je refuse la plupart du temps. À 7 h 30, nous quittons la maison, ma sœur conduit et moi... je dors.

Arrivées aux écuries, je la suis partout – enfin, à mon rythme, sacrément ralenti par les médicaments. Elle m'installe auprès d'elle au gré de la journée, dans les écuries d'abord, au sein des tribunes du manège ensuite. Je la regarde monter (à défaut de pouvoir le faire moi-même tant je suis faible) et m'endors, assise, après seulement dix ou quinze minutes. Elle apporte des couvertures pour que je ne prenne pas froid.

Je parviens parfois à prodiguer des soins à nos chevaux. Marie-Sophie les nourrit, la brouette qui permet de transporter la nourriture étant bien trop lourde pour moi. À midi, on prend le chemin du retour, ma sœur conduit, et moi... je dors.

*

À la maison, elle prépare mes pilules et le déjeuner, prend soin de doser ma portion pour que j'essaie de la finir, sans me braquer. Car le moment est redouté, autant par elle que par moi : il faut manger. Quand elle me tend l'assiette, elle ne dit rien et attend une réaction.

Dans ma tête, qui tourne au ralenti, c'est un vaste bordel. Je ne veux pas décevoir ma sœur mais je ne peux rien avaler, alors ma gorge se serre, mon estomac se tord, la vue et l'odeur de la nourriture me donnent envie de vomir, les larmes montent, coulent, roulent.

Ma sœur ne bouge pas, attend comme si de rien n'était, avale son repas en me surveillant du coin de l'œil.

« Allez, courage, Marie-Anne ! Il te faut avaler quelque chose, ne pas la décevoir, te battre. »

Au prix d'un effort surhumain, je mâche puis absorbe une bouchée, suivie d'une autre. L'assiette n'est pas vide mais j'ai mangé – un peu.

Marie-Sophie ne dit pas un mot, essaie de ne rien laisser paraître, mais je la sens dépitée.

Ensuite, n'ayant pas la force de monter les escaliers pour rejoindre ma chambre, c'est dans ses bras que je m'endors, jusqu'à ce qu'elle m'y porte. Même un tremblement de terre ne pourrait me sortir de cette léthargie. Quand je me réveille, il est 17 h 30 ou 18 heures Alors que j'ai l'impression de m'être endormie à peine un instant auparavant.

*

Sonne à nouveau l'heure des médicaments.

Lorsque je parais en avoir la force, Marie-Sophie et José me proposent de les accompagner promener les chiens ou descendre regarder la télévision avec eux. Mais, assise devant l'écran, je n'arrive pas à lutter contre le sommeil qui s'empare de moi à nouveau, plus léger toutefois.

Il est temps de prendre ma douche. Avant le dîner et surtout loin du repas car, sinon, la tentation de vomir sous le flot d'eau est trop forte. Ma sœur, en ayant pleinement conscience, ne me laisse pas le choix. Souvent, elle m'aide, même si j'essaie de me débrouiller au maximum seule. Et de nouveau, le cauchemar arrive à grands pas : le dîner.

Le soir, nous ne sommes pas seules toutes les deux, et Marie-Sophie se fait plus indulgente, consciente qu'il est beaucoup plus dur pour moi d'avaler quoi que ce soit devant José. Les symptômes réapparaissent : envie de pleurer, gorge nouée, estomac prêt à s'exprimer mais pas de la bonne manière, parfois même des frissons à la simple vue de la nourriture dans l'assiette ou à l'odeur de la cuisson.

Sans oublier le retour de la peur de décevoir ma sœur qui vit désormais à mon rythme, fait tout pour me sauver jusqu'à s'oublier elle-même. La maladie nous détruit toutes deux de manière différente. Car l'anorexie ne touche pas seulement la personne atteinte, elle ronge le reste sur son passage, y compris – et surtout – les personnes qui accompagnent le malade.

Mon beau-frère, là, m'observe lui aussi. Je ne veux pas le décevoir non plus : alors, même si c'est dur, j'avale un morceau. Je reste à table avec eux, mobilisant le peu de forces et d'honneur qu'il me reste.

J'aide tant bien que mal à débarrasser le couvert, prends mes médicaments et retourne me coucher jusqu'au lendemain.

*

Pendant des mois, les journées s'écoulent et se ressemblent, flottant dans la plus grande tristesse, hérissées de hauts et de bas, ponctuées de rendez-vous chez les médecins qui s'enchaînent.

Quand je parviens à manger un peu plus, ma sœur m'autorise à monter à cheval, mais s'assure que l'animal est calme et ne bouge pas une oreille : la moindre chute pourrait être fatale vu mon état de faiblesse. Les jours où je monte, ensuite je dors de 14 heures jusqu'au lendemain matin.

Certains jours, je ne peux même pas me lever.

La sous-nutrition, en plus de m'affaiblir, occasionne des douleurs si fortes qu'il m'est impossible de tenir debout.

36

Anorexie

Marie-Sophie

Ce mal qui tue tout en laissant les proches impuissants est sans doute l'une des seules maladies psychologiques qui se voit à l'œil nu et peut être décelable par tout le monde. Il ne s'agit pas seulement de quelqu'un qui ne veut pas être gros, mais d'une autodestruction qui arrive sans prévenir et balaye tout sur son passage, sous les yeux désolés de l'entourage comme du corps médical. Car oui, écrivons-le, même le corps médical est désemparé face à l'anorexie.

Un cancer on traite ; une grippe on soigne ; l'anorexie on gère comme on peut. Car elle engendre des comportements, des attitudes à l'égard des proches, de l'entourage ou du public incompréhensibles et inexpliqués par la plupart des médecins. Certes, le malade cherche à se détruire, mais aussi à fracasser les autres par un jeu de manipulations, par du chantage affectif que personne n'évoque, ne prévient, n'anticipe…

C'est en côtoyant quotidiennement une personne atteinte que l'on découvre ces autres aspects du fléau. L'anorexie, ce n'est pas vouloir ressembler à un mannequin comme le pensent beaucoup de gens qui ne savent pas, mais se tuer à petit feu en cherchant à emporter avec soi ses proches, sa famille, ses amis.

*

Je me suis toujours demandé si « ils/elles » étaient conscients de ces comportements destructeurs et manipulateurs ? J'ai fini par conclure que la réponse est non, que c'était à nous « d'accepter, de tolérer et de comprendre » que les mensonges, les contre-vérités, les promesses non tenues à peine dites, etc., n'étaient en rien volontaires.

À la différence d'autres maladies dramatiques dont on espère guérir grâce à des traitements connus, grosso modo efficaces, ici il n'y a rien : juste des médicaments pour dormir, éviter de penser, éviter de vivre dans la réalité, le temps que la crise « passe ». Or, une fois celle-ci passée, l'épée de Damoclès reste au-dessus des têtes, sans que l'on sache si oui ou non – ou plus vraisemblablement quand – elle reviendra.

Quoi qu'il en soit, l'entourage ne pourra plus jamais partager de repas comme avant sans se poser de questions, sans observer, sans douter.

On gère, on parle, on ajuste les doses de médicaments, on pèse, on dort, on met en garde, on vomit, on ne mange pas, on maigrit, on détruit, on angoisse, on occupe, mais on ne guérit malheureusement rien…

37

Les groupes de parole, un soutien en demi-teinte

Pierre

Lentement, nous avançons dans la reprise de kilos de Marie-Anne. Je ne connais jamais son poids, ne le demande pas ; ce sujet n'appartenant qu'à elle et à sa médecin. Mais il est net que son visage retrouve plus de joues.

*

C'est grâce à l'aide de sa médecin si patiente que je vais comprendre peu à peu, pas à pas, ce qu'il faut faire, éviter, dire et… taire.

Un accompagnement et des conseils que les parents d'anorexiques demandent pour éviter les souffrances, les mots dangereux, les termes qui tuent, mais qu'ils obtiennent rarement.

Cette maladie, je le réécris, met à mal les rapports humains, tout ce qui lie aux autres, à l'éducation, aux parents et aux proches. Pourquoi l'amour, l'amitié ne parviennent-ils pas à guérir ces enfants ?

Pourquoi leurs réactions prennent-elles une forme de lente destruction, visible à l'œil nu ? Aujourd'hui encore, cela me reste inexplicable. Et ramène sans cesse à l'interrogation lancinante : que faire ? Quelle attitude adopter ?

« Soyez naturels », conseillent les médecins. Mais le « naturel » n'est pas toujours linéaire. On peut, comme tout un chacun, être agacé par l'enfant qui commande – et parfois pour des sommes considérables – de la nourriture qui finira aux toilettes ; on peut aussi être pris de bouffées d'amour, d'envie d'agir à ses côtés pour le pousser à réagir ou simplement se faire du bien. D'autres peuvent avoir envie de fuir – et le faire –, de vouloir les laisser seuls prendre telle ou telle décision et tenter de trouver un peu d'oxygène ailleurs, loin. Ce qui, bien sûr, ne signifie pas qu'ils n'aiment pas leur enfant, seulement qu'ils ont aussi le droit de souffler et penser à eux.

*

La parole, l'écoute, pour essayer de sauver un enfant mais aussi un couple sont des bouées essentielles. Les groupes chargés de la libérer ne manquent pas. On peut y expliquer qu'on n'en peut plus, qu'on ne sait quoi faire, qu'on est à bout sans que ce soit interprété comme un manque d'amour ou une culpabilité.

Dans certains établissements spécialisés, un lundi par mois se tient par exemple une réunion de parents qui permet à chacun de partager sa souffrance, un peu à l'image des rendez-vous d'alcooliques anonymes. Ces rencontres ont une valeur psychologique immense : tous constatent qu'ils ne sont pas seuls à se battre contre l'anorexie. Mais aussi que, parfois, l'attention promise n'est pas au rendez-vous. Comme l'illustre l'histoire suivante.

*

Lors d'une séance, un couple était présent parce que leur enfant n'était plus hospitalisé mais suivi par un médecin n'appartenant à aucune structure. Le papa se posait la question de l'intérêt d'assister à la réunion, car c'était son épouse qui avait insisté pour qu'ils y soient tous les deux, affirmant qu'elle avait trouvé dans ces rendez-vous une source d'information et de communication essentielle sur les comportements des enfants. Et qu'entendre ce que les autres parents vivaient était – quoique dur – aussi enrichissant que profitable. Le père est donc là, mais dans un état d'esprit qui ne correspond sans doute pas à ce qu'attendent les praticiens, car il en veut encore terriblement au corps médical de l'avoir laissé seul et d'avoir refusé de prendre en charge sa fille au motif qu'elle était trop âgée. Avant la réunion, une maman confia qu'on avait refusé de prendre en charge son enfant parce qu'il ne présentait pas un IMC (Indice de masse corporelle) suffisamment bas…

Une vingtaine de parents sont installés, formant un cercle assez large. Un lourd silence recouvre la pièce.

Une psychologue ouvre la discussion.

— Bonsoir à tous. J'aperçois de nouvelles têtes. Je vous propose en préambule de rappeler que tout ce qui se dit ici reste ici. Il y a des parents dont les enfants sont soignés dans l'établissement ou suivis par les médecins, et il est important que rien ne filtre de cette réunion. Le docteur X. va bientôt nous rejoindre. Je vous propose de commencer le tour de table par ma gauche.

Placé à la droite du médecin, le père s'échauffe au fil des échanges, lui qui sera l'un des derniers à prendre la parole. Une chance car sinon il aurait vraisemblablement explosé d'emblée, n'écoutant pas les propos tenus.

Évidemment, je ne veux pas trahir ici les témoignages des uns et des autres qui m'ont été rapportés, parents éprouvant le même désarroi, parfois depuis bien plus longtemps que moi, souvent pour des enfants plus jeunes que Marie-Anne, mais je souhaite écrire ce qui se dit, les situations endurées, pour aider les malheureux broyés par cette horrible maladie.

Au fil des prises de parole apparaît combien les parents présents sont désemparés et démunis. Tous ont vécu, à un moment ou à un autre, stress, doutes, lassitude. Et peu de conseils leur ont été donnés, d'aide psychologique apportée. Souvent, en situation de crise, ils se sont débrouillés seuls, trouvant eux-mêmes le lieu, l'attitude adéquate, cherchant de leur propre chef les solutions, la conduite à tenir, la façon de procéder, gérant à leur façon les emplois du temps, le travail, la présence aux côtés de leur progéniture, sans oublier d'essayer parfois de sauver leur couple, embarqué et bousculé par ce tsunami.

Le docteur X., médecin psychiatre qui suit la fille du papa remonté, arrive. Des bribes de solutions à apporter aux problèmes rencontrés par les parents apparaissent.

L'enfant, n'ayant jamais de parole cohérente et ne s'avouant pas malade, fuit la réalité ; il faut donc souvent, pour les cas de boulimie, supprimer la nourriture des placards ou ne jamais laisser le malade seul. En somme il convient d'« être très présent physiquement aux côtés du malade ». Et le praticien précise : « Ne jamais rien faire en cachette, rappelez sans cesse la présence de la maladie et que tout est fait en fonction de celle-ci. »

Des petits trucs émergent : changer de place à table afin de ne pas ritualiser les repas ; ne pas se retrouver systématiquement en face ou à côté de l'enfant ; éteindre la télévision pendant les repas ;

ne pas hésiter à proposer du secours par la simple question : « Est-ce que tu veux que je t'aide ? »

Concernant le regard des autres enfants, la confrontation avec les copains, la classe, le lycée – d'où finissent souvent par être exclus les anorexiques –, il importe de rester vigilant, de « ne jamais relâcher la surveillance » qui doit être permanente.

Des noms d'institutions méconnues sont lancés – dont l'association La Note bleue, ou encore le livre *Boulimie-Anorexie. Guide de survie pour vous et vos proches,* de Catherine Hervais. Ainsi que des explications psychologiques nouvelles : comme le fait que certains enfants veulent que leur maladie se voit.

Et puis, vient le tour du père de prendre la parole.

— Docteur, vous avez commencé en précisant que tout ce qui était dit ici devait y rester. Vous avez raison, et je vais en profiter, car ce n'est pas de mon enfant dont je vais parler, mais des pratiques médicales. Je trouve inadmissibles certaines choses survenues. Il est inadmissible que des pompiers ayant « récupéré », les yeux révulsés, gisant sur la chaussée, une jeune femme s'entendent répondre parfois : « Elle doit continuer à chuter le plus bas possible pour que sa tête lâche prise ! » Savez-vous qu'il y a des parents qui entendent tout ça, dans ces moments-là ? Des parents qui ont vu leur fille, les yeux révulsés, gisant sur la chaussée, emmenée par lesdits pompiers ? Il est insupportable qu'on puisse poser à un enfant anorexique – et à ses parents – un ultimatum en ces termes : « Soit il est hospitalisé maintenant dans un établissement privé, avec son accord, soit de force à l'hôpital » et que, une fois cette décision prise, admise avec grande difficulté, on s'aperçoive qu'il ne peut être accueilli avant le lundi suivant !

Emporté, blessé, meurtri, en colère, il déverse des reproches. Il parle, parle, ne s'arrête plus. Sans pudeur ni garde-fou, il exprime sa douleur, son incompréhension, son désarroi face à ce qu'il vit depuis des semaines comme un abandon, voire un mépris de certains personnels médicaux. Il n'est visiblement pas le seul parent à avoir ressenti ce type d'abandon, mais lui ose le formuler. Le respect du milieu médical, dans lequel on peut s'enfermer, par crainte, car ce genre d'institution récupérera un jour les enfants, il l'a oublié.

Vraisemblablement, les erreurs, maladresses et dysfonctionnements que ce papa a évoqués sont peut-être plus le fait d'individus débordés ou malhabiles que d'une institution en elle-même, mais il avait besoin de le clamer, hurler, l'anorexie broie tout le monde.

*

P.-S. à cette histoire : quelques jours après la réunion, on demandera à ce papa révolté de calmer ses expressions. Ou de ne plus venir. La liberté de parole et la possibilité de lâcher du lest ne sont pas toujours compris, mais s'exprimer, il faut toujours le faire.

38

L'électrochoc

Marie-Anne

Je n'y arrive pas, une voix dans ma tête persiste et gouverne à nouveau ma vie : mes actes et mes pensées sont soumis à son jugement.

Je n'ai plus la main sur rien, mais le sentiment d'être spectatrice de mon existence, comme si mon âme, ma personnalité, ce que je suis, s'étaient envolées, laissant place au vide. Je ne peux pas manger, je suis terrorisée à l'idée de prendre du poids, moi qui me trouve déjà grosse. Or chaque aliment est un risque. Je me pèse entre quatre et six fois par jour, je deviens obsessionnelle sans en avoir conscience. La tête dans le guidon de cette fichue maladie, je n'ai plus envie de vivre, tout est trop compliqué. Je n'ai pas même la force d'aller travailler, ce qui augmente le sentiment d'être bonne à rien. Alors pourquoi s'acharner ? Pour qui ? Je glisse lentement mais sûrement vers une issue tragique pour mes proches mais un soulagement et un arrêt définitif de cette souffrance pour moi.

*

Lorsque je prends conscience, au fil des discussions avec mes différents médecins, en particulier avec la docteur Boulanger, que je n'arrive pas à sortir de cet enfer malgré mes efforts, j'implore une hospitalisation. Mais on m'explique gentiment – et poliment – que je ne suis pas assez malade pour avoir le droit d'être hospitalisée. À ce moment précis, je suis pourtant au plus bas : je pèse 48 kilos pour 1,78 mètre. Mais pour eux, ce n'est pas suffisant.

Quand maman contacte la Maison de Solenn, le discours est le même : je ne suis pas en danger de mort donc ils ne m'accueilleront pas, même si mon médecin traitant appuie la demande.

Ne pouvant être acceptée dans aucune structure, je n'ai d'autres choix que de continuer avec les médicaments, les séances chez mon médecin et la psychologue, le soutien sans faille de ma sœur aînée. Je ne sais si cela suffira à me sortir d'un tel bourbier.

*

Ma sœur ne supporte plus de me voir sombrer. Un jour, en rentrant des écuries, elle explose. Si elle est dure avec moi en temps normal, elle l'est encore plus cette fois.

Alors qu'elle conduit et que je somnole sur le siège passager, une discussion s'engage, ou plutôt un monologue. J'écoute d'une oreille, rien ne semble plus atteindre mon cerveau. Une phrase pourtant va me réveiller : « Si tu ne fais rien pour t'en sortir, je ne veux plus avoir aucun contact avec toi, tu devras te débrouiller comme si tu n'avais pas de sœur et je ne reviendrai pas là-dessus. »

Ces paroles vont résonner dans ma tête pendant des heures, des jours, des nuits, et même des semaines. Je comprends alors que je dois agir. Et vite. Les larmes coulent sur mes joues, j'ai l'impression que le cauchemar empire : si je n'ai plus ma sœur alors je n'ai plus rien.

Cet instant a été un véritable électrochoc – je revis, aujourd'hui encore, cette scène régulièrement. Je sais que c'est grâce à cela que je peux écrire ce livre. Si Marie-Sophie ne m'avait pas secouée ainsi, si elle n'avait pas prononcé cette phrase par laquelle j'ai vu le monde s'effondrer devant mes yeux, je ne serais plus là, j'en suis convaincue. Elle était la seule personne pour laquelle je m'accrochais. Sans elle à mes côtés, à quoi bon persister à vivre ?

Je dois donc reprendre mes esprits, retrouver la force que papa nous a transmise, sortir de cette situation, vaincre la maladie et continuer à avancer même si ça sera long, douloureux, dur. Ma sœur mérite mieux que ce que je lui fais subir. La docteur

Boulanger m'aidera à prendre du recul sur tout ce que je lui dis.

Marie-Sophie et cette femme médecin m'ont sauvé la vie, c'est grâce à elles deux que je suis parvenue à sortir de cette très grosse crise qui aurait pu m'être fatale.

39

L'amour n'est pas tout-puissant

Pierre

C'est un combat de chaque instant qu'il faut livrer. Je dirais même de chaque minute. De jour comme de nuit. Car le malade est tiraillé entre la vision de son corps et l'envie de sortir de l'anorexie. Ainsi, Marie-Anne se trouve toujours trop grosse. Tandis que nous, les encadrants, les parents, les accompagnateurs, la voyons décharnée et, surtout, en train de dépérir lentement. Si les médicaments sont essentiels pour s'extraire de cette spirale, quelle énergie, quelle abnégation il faut à tous, et surtout à Marie-Sophie, pour atteindre un jour une sorte de renaissance, espérer enfin un corps accepté, une vie mieux aimée.

*

D'ici là, les embûches, les pièges se révèlent innombrables, imprévus parfois. C'est toute une éducation, des années de réflexes, de culture liée à la nourriture qu'il faut apprendre à mettre en cause, à museler presque, afin de ne pas engendrer de drames. Or, nous sommes en France, pays où les moments de fête, de partage, de rencontres se déroulent autour d'une table, au déjeuner comme au dîner. La maladie balaye ces références, bouscule les coutumes, chaque repas se transforme en calvaire, chaque mise en relation ouvre au malade comme aux autres les portes d'un enfer tant personne ne sait quelle attitude adopter.

Le quotidien dépend par ailleurs des médicaments. Qui endorment, anesthésient afin que le cerveau du patient oublie la force qui se retourne contre lui et vise à le prendre en tenailles. Il convient donc d'être aux aguets, sur le qui-vive, d'éviter les attitudes ou propos qui fâchent et font sombrer, d'accepter de vivre avec un être sans cesse endormi traînant son corps avec douleur. Les seules forces qui lui restent sont mises au service du poids : dans un sursaut d'énergie négative, tout est concentré pour ne pas manger, se faire vomir, se peser, ne jamais accepter la réalité horrible et empêcher une guérison.

Les petits déjeuners, les déjeuners, les goûters et les dîners engloutissent l'amour, les rapports humains, la volonté positive. Même nous, observateurs, nous retrouvons aspirés par ce gouffre, trou noir de la balance, abîme que représentent la nourriture, la moindre bouchée, la dernière portion à avaler.

De jour en jour, nous espérons une amélioration, que nous ne voyons jamais surgir. Marie-Anne ne parle que du poids malgré la compréhension de sa sœur qui, même si elle surveille tout, n'en parle jamais. Du poids qu'elle a pris, dans une immense douleur l'amenant à se poser la question du suicide, jamais des kilos reperdus, généralement plus nombreux que ceux gagnés.

De jour en jour, Marie-Sophie guette les améliorations, cherche des objectifs, des enjeux, mais rien n'y fait. Sur l'instant, la volonté de sceller un engagement est réelle chez la personne, mais elle se dissout l'instant d'après pour se noyer dans les justifications – souvent bidon – de l'anorexie. Qu'il est horrible de voir une sœur mentir avec sincérité. Qu'il est terrible de comprendre qu'elle ne perçoit pas la vérité, la travestit sans cesse. Qu'il est atroce, perturbant, déstabilisant et rendant absolument démuni de comprendre qu'aucune discussion viable ne peut avoir lieu, le malade étant drapé, engoncé dans son isolement, momifié presque dans son propre mensonge – et ce avec sincérité.

C'est tout cela qui rend les choses impossibles à vivre, à décrire, à comprendre. Pourtant il faut tenir, encore et encore. Avancer, tout le temps, toujours ; ce que fera Marie-Sophie avec une volonté incroyable.

*

Combien de fois n'ai-je plus voulu entendre parler de l'anorexie ? Combien de fois ai-je décrété qu'il fallait me protéger des nuisances de ce mal pour préserver ma santé mentale, défendre mon existence, celle des autres, mais aussi afin de mieux entourer, secourir ma fille ? De telles motivations floues sont-elles sincères ? Je n'arrive alors pas à le savoir.

Je n'arrive même plus à me connaître, à comprendre si je veux fuir pour ne pas voir mon enfant se détruire ou parce que je suis moi-même ivre de souffrance, d'incompétence, d'inutilité, de rage aussi.

Les malades, eux, savent très bien où appuyer pour vous rappeler à l'ordre. En faisant de véritables efforts qui redonnent un peu d'espoir – cette folie humaine –, espoir qui fait immanquablement croire aux accompagnants que demain sera meilleur et une issue possible. Et puis, patatras, un incident survient et tous replongent dans la vrille que pilote non pas la malade mais sa maladie.

Tant de fois j'ai voulu choisir de ne plus savoir ! Tant de fois j'ai changé d'avis aussitôt à la suite d'un appel, la découverte de résultats d'analyses catastrophiques qu'on me susurrait, ou des propos entendus par tous les proches d'anorexiques quasiment au mot près.

— Je me bats, papa. C'est dur, mais je le fais pour toi. J'ai repris 3 kilos. Je t'aime.

Quand votre enfant, à l'autre bout du téléphone, murmure d'une voix d'outre-tombe : « Ça ne va pas mais je n'ai pas envie d'en parler » – alors que c'est elle qui vous a appelé –, qui peut résister ? Qui oserait raccrocher ? Qui répondrait : « Je t'ai dit que je ne voulais plus entendre parler de ta foutue maladie, laisse-moi ! »

Personne, évidemment. Peut-on imaginer un parent s'en laver les mains ainsi, balancer de tels mots à son enfant en détresse ? Pourtant entre nous, parfois, nous osons l'exprimer, le formaliser.

*

Moi-même, lorsque j'ai pris conscience de ce qu'endurait Marie-Anne, au début j'ai – et je le regrette – crié, poussé des coups de gueule. Ils exprimaient mon doute, mais surtout ma crainte, moi qui vivais dans le souvenir de la petite Solenn Poivre d'Arvor. Gros con de mec d'action, j'ignorais quoi faire contre ce mal venu d'on ne sait où, et pour lequel les médecins attendent que votre enfant ne puisse plus se porter, se contentant d'un niveau d'IMC spécifique pour le prendre en charge dans des hôpitaux surchargés et aux listes d'attente immenses.

Par ces exagérations, j'exprimais mon impuissance. Ensuite, je pensais à ma fille, à l'envie de la prendre dans mes bras, de la sauver. Aux corps décharnés, aux os saillants des malades, qui abandonnent et s'abandonnent sans que l'on puisse faire quoi que ce soit. Car l'amour n'est pas tout-puissant.

Des images ancrées dans la mémoire.

Depuis l'annonce du diagnostic, mon regard s'est mis en mode « détecteur laser » : je repère parmi les passants, sur les passages cloutés, dans la foule, les malades qui se promènent et dont la maigreur rappelle celle des enfants en souffrance. Petits bouts de femmes – ce sont souvent elles qui sont victimes – en survie, au sourire figé, au visage perdu parfois si beau lorsqu'il s'éclaire d'une lueur de vie, aux jambes dont on se demande comment elles peuvent porter un corps.

Cette maladie écrase tout sur son passage. Bouleverse et modifie chacune des personnes impliquées, emportées. Ainsi, mon propre rapport à la nourriture, aux autres comme mon quotidien ont changé.

Je me sens coupable en permanence d'aimer quelqu'un d'autre, de serrer un corps « normal », de travailler, de ne pas passer assez de temps avec elle. Il me faut lutter pour ne pas aller chercher l'abandon ou une hypothétique porte de sortie dans l'alcool, les médicaments, les drogues, la mort peut-être.

Oui, l'anorexie mentale est une saloperie qui écrabouille ceux qui croisent sa route, rouleau compresseur qui laisse ensuite chacun en alerte quant aux rechutes possibles. Manipulatrice, elle trahit et masque la vérité.

Et n'est pas comprise, bien souvent.

*

Pour sortir du carcan imposé par la lourde routine – médicaments, repas, sieste, repas, sieste, médicaments, etc. –, il faut avoir le courage d'affronter les autres. Et que ces autres aient l'intelligence de comprendre la situation. Or, dans notre société de plus en plus dure à l'égard de l'autre, de plus en plus connectée aussi, cette empathie n'existe plus guère.

Heureusement, Marie-Anne évolue dans l'univers du cheval, où l'on est doué d'une sensibilité différente, plus compréhensive, davantage à l'écoute. Le contact avec l'animal occupe une place très importante, qui a sans doute été fondamentale pour ma fille. Ces masses de muscles puissantes comprennent beaucoup de choses – ce n'est pas pour rien si des thérapies font appel à ces animaux en prison, à l'hôpital ou auprès de handicapés afin d'aider à avancer malgré la maladie ou la détention, recouvrer à la fois confiance et estime de soi. Marie-Sophie en a d'ailleurs fait son métier et elle est dans le staff de l'équipe paraolympique du Brésil. Elle a une vocation pour aider les autres.

*

Il n'existe pas une façon de combattre la maladie. Si j'avais la recette, je la livrerais immédiatement. Seule certitude : la nécessité de mesures adaptées, un environnement averti, informé et compréhensif.

Comme il est essentiel de ne pas laisser le mal emporter tout, détériorer les rapports humains et familiaux, montrer à tout prix au malade qu'il compte pour vous est primordial. Ainsi, j'ai souvent entendu : « Je le fais pour toi », phrase qui intervient comme une excuse pour prendre du poids ou se battre, ne pas se laisser glisser vers la mort, mais qui atteste du rôle de l'autre. Il est donc très important, une fois l'anorexie identifiée, acceptée et dénommée par l'enfant, de dire la vérité, de ne pas travestir la souffrance qu'elle fait aussi endurer aux proches.

*

Cette maladie du siècle – tout au moins l'une d'elles – ne doit pas être cachée, car elle tue. Encore faudrait-il davantage de communication à son sujet, comme ce fut le cas pour le sida ou d'autres fléaux.

Marie-Anne a accepté de se battre, avec sa sœur, son beau-frère et grâce à son travail. Elle a pu réussir à gérer au jour le jour l'anorexie, voire à, cahin-caha, la contrôler. Elle connaît les réflexes immédiats à avoir en cas d'alerte pour ne pas retomber. Mais il s'agit aussi, pour elle et son entourage, d'assurer et d'assumer une surveillance de chaque instant. Sa vie affective a pu reprendre un cours heureux, elle a rencontré un homme qui sait lui offrir une relation équilibrée et structurée. Sa santé va mieux. Le mal, progressivement, s'éloigne. La possibilité de procréer, de pouvoir donner la vie, remplace peu à peu la marche vers la mort, la solitude, la défaite.

Même si ce combat-là ne peut être mené seul, même s'il faut une force collective autour de la malade, doublée d'une réelle prise de conscience, le seul combat perdu d'avance est celui que l'on ne livre pas. Mais il y a plusieurs types d'anorexie.

40

Je n'ai pas lâché

Marie-Sophie

Hors de question que ma sœur devienne un légume à cause de ses médicaments et de sa maladie. Les doses étaient telles qu'elle aurait sûrement pu dormir nuit et jour, sans jamais rester plus de deux heures éveillée.

C'est encore une fois grâce aux chevaux, qui imposent leur rythme, que j'ai pu la faire sortir de sa léthargie et lui permettre d'avoir une activité gratifiante. Mais force était de constater qu'après une matinée à ce rythme, Marie-Anne n'avait plus aucune force les après-midi ; aussi, j'essayais de les charger le moins possible.

Quand on rentrait déjeuner à la maison, elle avait besoin de se rendormir pendant plusieurs heures mais je ne la laissais jamais sommeiller un après-midi entier. Toujours ma peur que les ténèbres l'aspirent dans un état végétatif irréversible.

Je ne la laissais jamais seule, non plus, jamais. Le fait de ne pas pouvoir conduire, d'être à bout de forces, constamment fatiguée était néfaste pour elle, qui se trouvait prisonnière d'un corps devenu trop faible, et dans des pensées de plus en plus sombres. Ses idées tournaient en rond, elle n'avait plus aucune indépendance pour faire quoi que ce soit et cela ne conduisait à aucune évolution positive. Une seconde d'inattention et savait-on ce qu'il adviendrait ?

Les activités que je lui proposais, forcées ou non, permettaient de la faire sortir, de changer ses idées, de se sentir – peut-être – utile.

Je n'ai jamais lâché.

41

Si seulement je pouvais la sauver

Pierre

Lorsque la chair de votre chair s'enfonce dans l'anorexie, repousse toutes les échéances, admet être « un peu malade » mais dit que « ça va passer », vous êtes hanté par la peur : celle de le perdre, celle de ne pas avoir tout fait pour sauver votre enfant. Vous avez envie de hurler à l'aide, mais vous devez garder votre calme au risque de passer pour l'emmerdeur de service ou pour celui qui se croit tout permis. Alors vous cherchez, vous cherchez. Sans rien trouver ni comprendre.

Et vous en arrivez à redouter que l'on ne vous accuse, implicitement, de souhaiter vous débarrasser de votre enfant en déléguant la responsabilité du problème à d'autres.

*

Nous connaissons la volonté de Marie-Anne d'être hospitalisée. Mais comme elle vit une hospitalisation à domicile chez sa sœur, le choix est difficile.

À force de recoupements, sa maman Anne-Valérie et moi avons découvert qu'il existe plusieurs établissements en charge des troubles alimentaires compulsifs. Dont la clinique Villa des Pages, l'Institut Montsouris, l'hôpital Sainte-Anne. Une amie qui a fait hospitaliser sa fille à l'institut m'en fait un retour peu engageant : des cadenas aux portes, des ascenseurs accessibles uniquement par codes, quasi une prison – ce qui, pour moi qui y suis allé, est inconcevable. Pourtant, elle me décrit aussi un accueil de qualité. Une place se libérera dans les prochaines semaines, mais que faire ? D'autant qu'un mur se dresse devant nous : a-t-on un rapport médical qui raconte le parcours de soins de Marie-Anne et pourquoi la Maison de Solenn ne la prend pas en charge ?

Marie-Anne n'a aucun avis. Je ne la vois pas, et pourtant j'ai l'impression de m'occuper d'elle en baladant mes doutes dans Paris et en cherchant une solution pour l'aider. Mais la seule qui l'assiste vraiment, chaque minute, chaque seconde, sans jamais parler, sans jamais se plaindre, sans jamais nous appeler au secours, c'est Marie-Sophie.

À la clinique des Pages, située au Vésinet, en banlieue parisienne, c'est le luxe qui s'étale devant mes yeux : un parc boisé, une immense allée, plusieurs demeures majestueuses qui se dressent tel un château, on sent l'aisance. Quant au portail, ouvert, il me surprend par comparaison avec la description que l'on m'a faite de l'établissement parisien où tout semble être cadenas et codes.

Bref, une brochure de plusieurs pages sur papier glacé. Une assistante me communique les prix : globalement, il faut compter dix mille euros par mois. Et, bien sûr, rien ou très peu pris en charge par la sécurité sociale. Les honoraires des médecins sont du même acabit : pratiquement rien de remboursable.

Là comme ailleurs, nous nous heurtons au même discours : malgré des infirmières aux très grandes qualités humaines, qui comprennent la souffrance de nos enfants – et la nôtre –, il faut des documents ou, *a minima*, un contact avec ses médecins référents.

42

La peur suprême

Pierre

Lorsqu'un être cher est malade, la crainte suprême est de voir la maladie l'emporter. Depuis la folle exposition médiatique de la fille de Patrick et Véronique Poivre d'Arvor en janvier 1995, le grand public sait que l'anorexie peut conduire à une fin tragique. Pour Marie-Anne, les mots ont été prononcés ; la volonté d'en finir, de ne plus souffrir, est très présente chez elle. Cette vérité, elle me terrifie mais je ne peux que la comprendre pour avoir vécu des instants similaires, ces moments où l'envie de fuir, de ne plus résister, de partir loin du mal-être et d'aller retrouver le néant manquent de vous submerger, vous conduisant à commettre l'irréparable.

Un jour, alors que j'étais incarcéré à la prison de la Santé et que je ne pouvais plus absorber de nourriture, que je perdais kilo après kilo, la docteur Véronique Vasseur me dit : « Faites attention, Botton, vous êtes en train d'ouvrir une partie de vous-même qui ne se refermera plus jamais. » Et souvent je repense à cette phrase tellement juste.

Nous avons tous connu des personnes confrontées à la perte d'un être cher qui ont décidé de mettre fin à leurs jours. Et à celles-ci, à leurs parents, je dis : « La souffrance était devenue trop grande, pour une fois, il a pensé à lui. »

Cette phrase fait mal mais elle est souvent juste. Je côtoie cette angoisse avec ma propre fille. Même si je veux tout faire pour éviter qu'un tel drame ne survienne, il me faut comprendre le mal de vivre, l'appréhender avec froideur, sans le redouter, pour arriver un jour à domestiquer ce monstre qui hante chaque seconde.

La faille qui s'ouvre, je la perçois d'autant mieux que je l'ai ouverte moi-même et qu'elle ne se referme, c'est vrai, jamais. Ce n'est pas pour rien si je suis suivi et soigné depuis plus de vingt ans à Sainte-Anne, l'hôpital « des fous ».

Quand vous avez une enfant anorexique, la mort est partout, car votre fille se laisse glisser vers une telle issue. C'est pourquoi sa maman et moi vivons la trouille au ventre, pendus aux indications – lorsque nous les avons – de la médecin ou de Marie-Sophie.

43

Le bon médecin : un choix fondamental

Pierre

Avec une pathologie aussi complexe et lourde que l'anorexie, le choix et le rapport au médecin sont essentiels. D'autant qu'en début de maladie patient et famille ont tendance à ne pas discerner les choses. Confirmer par des psychologues et spécialistes la nature précise du mal est donc fondamental pour la suite. On entend souvent que les troubles du comportement alimentaire sont étroitement liés à un problème avec les parents. Certains évoquent la mère, d'autres le couple, d'autres encore le père. Le malade, quant à lui, ne se sent pas « malade » et s'enferme dans le déni. Être suivi et écouté par un spécialiste, accepté par lui, est essentiel pour essayer de démêler le tout.

*

En ce qui me concerne, j'ai obtenu un vrai réconfort auprès de nos médecins, la docteur Boulanger pour Marie-Anne, et le docteur Siou pour moi.

Ce dernier est un personnage central de notre vie de famille. Praticien à l'ancienne, il connaît tout ce qui concerne la santé de mes proches et de mes amis depuis près de trente-cinq ans.

Je l'ai rencontré à l'occasion d'une virée au Plaza Athénée, hôtel hyper luxe de l'avenue Montaigne à Paris, près des Champs-Élysées. Je ne le savais pas, à l'époque, mais cet établissement recourait, en cas de besoin, aux services d'un interne de l'Hôpital américain de Neuilly. Cet interne, c'était lui, et pour cette première rencontre, l'origine de son appel était une amie mannequin qui avait abusé de la fête et devait défiler pour Yves Saint Laurent le matin même. Il l'avait remise sur pied et lui avait conseillé de suivre un régime à base d'eau.

Du bon sens.

C'est lui qui m'a ensuite suivi pendant des coups durs subis par les aléas de la vie, ainsi que les membres de ma famille. Et gratuitement lorsque j'étais totalement ruiné. Cela ne s'oublie pas.

Cet homme, en qui j'ai toute confiance, nous a apporté une aide réelle. Je ne peux en dire autant de certains des spécialistes nous ayant accompagnés et auprès desquels j'ai rarement trouvé d'empathie.

Avec eux, j'ai été propulsé dans des systèmes très protocolaires, sans grande considération pour ce que sont l'enfant, la famille dans laquelle il a été élevé, les circonstances de son éducation. Leur approche de la maladie, comme du patient, paraît presque mécanique et semble ne tenir compte que des paramètres intangibles que sont l'indice de masse corporelle, le niveau de potassium, l'absence ou l'interruption des règles. Il n'y est quasiment jamais question de psychologie, de solution personnalisée, d'informations précises ou d'échelles de valeur permettant de comprendre ce qui nous attend.

Nombre de parents se retrouvent devant une telle incompréhension.

Certains médecins peuvent même dire que votre enfant doit être perfusé dans les deux heures mais vous fixer un rendez-vous dans trois semaines... Où se situe l'urgence ? Comment comprendre ce qui n'est pas expliqué ?

C'est donc auprès des « médecins de proximité » que nous avons bénéficié d'une réelle disponibilité. Leur discours est humain, franc, toutes les options ont été posées et envisagées ainsi que les éventuelles réponses à y apporter de concert et dans le dialogue. Grâce au rapport de confiance qui s'est installé avec eux, Marie-Anne s'est trouvé des alliés pour avancer sur le chemin de sa vie et peut-être sur celui de la guérison – à tout le moins de la gestion de cette saloperie de maladie.

*

À l'écriture de ces lignes, et pour aider ceux qui seraient aux prises avec des enfants anorexiques, je ne peux que conseiller de se mettre à la disposition du malade en l'aidant à trouver le médecin qui parviendra à le faire parler, s'exprimer, se soigner, à se peser sous ses yeux, loin des siens. Notre seule tâche, à nous, parents, est d'aller de médecin en médecin, en quête de celui ou de celle qui conviendra le mieux à l'enfant. Ensuite, nous devons nous mettre à la disposition de ces médecins, dans un rapport de confiance sans lequel rien ne peut être mis en place. Il faudra « faire le taxi » pour que ces entretiens si importants puissent se tenir, et loin des excuses bidon qu'utilise le malade, lui qui refuse au début le statut d'anorexique. Être disponible, être présent comme le fut de façon si incroyable Marie-Sophie pour sa sœur, pour que ces séances se tiennent, sans poser de questions, sans juger de la teneur des propos parfois rapportés.

Autre point essentiel : accepter le fait que ce sont toujours les malades qui décident. Ainsi il arrive qu'un malade reste près de quarante-cinq minutes adossé contre un mur, mutique, ne répondant à aucune question pendant un entretien avec un psychiatre parce qu'il ne le « sent » pas.

Une chose est claire, l'anorexie est une maladie mentale qui se soigne par la parole.

44

Ma sœur, mon pilier

Marie-Anne

Marie-Sophie, je lui dois la vie.

Sans elle, je serais morte. Je ne la remercierai jamais assez de ce qu'elle a réussi pour moi. Je savais pouvoir compter sur elle quoi qu'il arrive, mais ce qu'elle a fait, ce qu'elle m'a donné est considérable. Malgré la difficulté de la situation, elle a su garder la tête froide et les épaules solides alors que nos parents l'ont souvent laissée se débrouiller seule. Ma sœur, mon héroïne.

*

Marie-Sophie a cru à plusieurs reprises, je pense, que je ne m'en sortirais pas, qu'elle me retrouverait sans vie, allongée dans mon lit, un matin au réveil. Pourtant, jamais elle n'a failli. Personne d'autre n'a fait ce qu'elle a eu le courage d'entreprendre au quotidien, pas à pas, seconde après seconde, à mon égard. C'est elle qui a déclenché l'électrochoc qui m'a ouvert les yeux, elle qui m'a fait prendre conscience que j'étais malade et que je risquais de mourir.

Si cela a été terrible pour moi, ça l'a été aussi pour Marie-Sophie : dire à la sœur qu'on aime qu'on ne souhaite plus jamais entendre parler d'elle si elle ne réagit pas… quelle violence !

Durant de longs mois, elle m'a portée à bout de bras, moi trop faible pour me prendre en charge. Je ne pouvais même plus marcher tellement mes muscles avaient fondu. Avec abnégation, humanité, amour, elle m'a fait manger à la petite cuillère, portion après portion, repas après repas, jour après jour, sans jamais émettre la moindre réflexion désobligeante ni même crier. Elle restait positive, motivante, s'efforçant de me faire entrevoir la sortie du tunnel sans fin dans lequel je me cognais. Mieux que tout hôpital ou institution spécialisée.

Elle m'aidait à prendre ma douche, à monter les escaliers, à m'habiller et me déshabiller les jours où je n'en avais pas la force. Elle ne m'a jamais laissée tomber.

Marie-Sophie comprenait que l'hospitalisation représentait néanmoins la seule solution, nous le savions d'ailleurs toutes les deux. Lors de ma quatrième grosse crise, elle a demandé à tout le monde de me faire hospitaliser alors que jusqu'alors personne ne l'écoutait, personne n'avait vraiment conscience de ce qu'elle traversait en s'occupant de sa sœur.

Entre les « c'est du cinéma » de papa et les « mais ce n'est pas si grave » de maman, la pauvre n'était pas aidée. Il y a eu un déclic, des démarches entreprises, quelques visites, mais rien qui puisse se concrétiser. J'étais trop nulle, avec un IMC pas assez bas ou sans dossier médical précis... les établissements ne pouvaient donc me faire entrer dans leurs cases.

Un soir, alors que je me trouvais dans la salle de bains fenêtre ouverte, j'ai entendu Marie-Sophie parler au téléphone dans la cour. En larmes, très inquiète. Or, devant moi elle ne laissait rien paraître. Je pensais qu'elle échangeait avec papa ou maman, mais non, c'était avec mon médecin, elle qui toujours répondait présente.

*

Je me suis battue pour ma sœur et rien que pour elle. Je ne l'ai pas fait pour moi, n'en ayant aucune envie. Lorsque des idées noires me hantaient, je songeais seulement à Marie-Sophie, à sa détresse, et je me ressaisissais du mieux que je pouvais. Pour elle.

Ma sœur a toujours été ma moitié, mon référent et mon pilier. Plus encore à cette période, et je la remercie de tout mon cœur. Elle est la personne que j'aime le plus au monde. Dans notre enfance, elle a fait en sorte de m'épargner et de me protéger de tout. Nous avons toujours été très proches, maman nous a appris à nous serrer les coudes, que l'union faisait la force, que nous serions toujours plus puissantes à deux face aux difficultés comme dans les moments heureux.

Excepté notre maman – qui peut en être fière –, peu de gens comprennent ce mode de fonctionnement et une telle alliance.

*

Grâce à cette détermination comme à cette envie d'avancer conjointe, nous avons, malgré l'anorexie, ouvert des écuries comme nous en avions rêvé. Marie-Sophie m'a transmis son savoir-faire dans ce métier, alors inconnu pour moi ; elle m'a même encouragée à passer un diplôme afin d'enseigner l'équitation. Nous nous motivons mutuellement et nous tirons vers le haut, repoussant nos limites et nos capacités dans le seul but d'avancer.

Aujourd'hui, je me dois de l'épargner, de la préserver à mon tour. Elle perçoit chaque mini-crise que je traverse encore. Et si elle ne dit rien, ses actes, eux, en disent long. Nous n'avons pas besoin de parler. Un regard, et nous savons ce que l'autre pense. Pour rien au monde je n'échangerais la complicité que j'ai avec elle.

Ma sœur, je t'aime et je te remercie de tout ce que tu as fait et continues de faire pour moi. Ensemble, on y arrivera.

45

Se faire aider est essentiel

Pierre

Je ne pense pas que l'on puisse sortir seul de cette horrible maladie. L'accompagnement est un élément majeur. Comme la notion de temps, horriblement long.

L'hospitalisation peut interrompre un processus en route, remettre les compteurs à zéro, permettre de récupérer tout ou partie de l'indice de masse corporelle, ce fameux IMC qui prend les commandes des existences du malade et de son entourage comme le pilote dans son avion en pleine descente afin d'éviter la chute.

Mais se faire aider est primordial, quelle que soit la forme de cet accompagnement. Marie-Anne eut la chance de voir sa sœur se dévouer pour elle, et son futur mari avec elle, qui accepta l'inacceptable – et je veux ici l'en remercier. Tous deux ont, en quelque sorte, hospitalisé Marie-Anne à domicile, vouant leur vie à sa santé, avec tact, sans bruit, mais en affichant une ligne de conduite et une ténacité qui ont merveilleusement porté leurs fruits.

Je le reconnais aisément, je fus bien trop absent de ce processus de guérison, d'accompagnement. Je crois même, avec le recul, que mes rares interventions ne furent guère des réussites – quand elles n'ont pas eu des répercussions négatives.

Est-ce pour cela que, lors des hospitalisations, les médecins isolent les enfants, instaurant un « barème affectif » ? Où tout est à gagner : un coup de téléphone, une lettre, une visite, une sortie ? Toujours avec un être cher puisque c'est le malade qui choisit celui ou celle qu'il veut appeler ou voir.

Quelle complicité, quel sens du devoir et – écrivons-le franchement – quel amour il a fallu à Marie-Sophie pour se dévouer ainsi !

*

Ma fille aînée possède une très grande sensibilité à l'égard des chevaux et des êtres humains en souffrance. Ainsi, cette jeune femme, groom de l'équipe du Brésil d'équitation handisport, s'est démenée, je l'ai déjà dit, pour faire entrer la médiation équine en prison, allant jusqu'à recevoir le Président Hollande et le garde des Sceaux de l'époque. Il fallait la voir, au milieu de cent vingt détenus, expliquer à ces hommes – qui recevaient et donnaient de l'amour peut-être pour la première fois – ce qu'ils pouvaient faire avec un cheval !

Certes, je n'ai pas été un père très présent – si ce n'est financièrement –, mais lorsque je vois la solidarité qui existe entre mes aînées inséparables, je me dis que je n'ai pas échoué partout.

*

Être père ne s'apprend pas. Et ce n'est certainement pas l'exemple du mien qui aurait pu m'aider. J'ai toujours fait attention à ne pas lever la main sur mes enfants pour ne pas reproduire ce que j'avais connu, ces pleurs coulant sur mes joues à cause des coups de celui que j'aimais et que l'on me recommandait d'aimer parce qu'il m'élevait. Il en viendra même, sous l'effet de l'alcool, à me tirer dessus.

Mais pour le reste, je n'ai pas bien fait. J'ai essayé de ne pas faire subir ce que j'avais moi-même enduré, mais je n'ai pas su donner, montrer, faire ressentir l'amour qui envahissait mon cœur. Je n'ai jamais pu traduire cet élan incroyable, par peur. Peur que cet amour ne les blesse, peur de ne pas leur donner toutes les chances. Je reconnais que j'ai mal agi. Heureusement pas partout, mais j'ai merdé.

Si j'ai pensé à elles à chaque instant, j'ai aussi voulu panser mes propres plaies à coups de travail, d'argent, de victoires éphémères. J'ai essayé de cacher mes souffrances, mais un enfant voit tout, ressent tout.

« C'est à la halte que l'on compte les sacs », dit-on. Ma halte arrive lentement, je me sens pressé par le temps pour essayer de réparer ces erreurs et laisser derrière moi, dans le cœur de mes trois filles, un énorme paquet de vie, de force, de joie aussi. Une réserve dans laquelle puiser lorsqu'elles en auront besoin.

Avec ces lignes, je hurle ma douleur de les voir souffrir, désemparées face à la maladie. Mais il me faut aussi, parfois, m'éloigner, me préserver, car la souffrance et la culpabilité sont trop fortes. Je suis certain d'une chose : en ces moments-là, je ne suis pas la bonne personne pour aider. Aussi je préfère déléguer ce rôle de protecteur à leurs mères, au compagnon de leur choix, aux médecins et psychologues. Ma maladresse, malgré ma bonne volonté, risquerait d'augmenter leur souffrance.

On est parent en miroir de ses propres géniteurs. Je ne parle plus à mon unique frère depuis mon incarcération, ce qui faisait dire à ma mère, toujours dans le positif : « Tu as réussi là où j'ai échoué : tes enfants se parlent, s'entraident et sont complices. »

Il n'y a pas de bons parents et nous sommes toujours coupables de quelque chose. L'éducation que nous donnons influera sur la relation des enfants aux autres, sur leur envie de réussir, leurs jugements, leur façon d'aimer, de construire…

46

Une maladie si mal comprise

Marie-Anne

Petit à petit, je remonte la pente grâce à ma sœur, à ma médecin, mon beau-frère et nos chevaux. Et aux yeux qui se dessillent de mes parents, un peu plus agissants. Ensemble, nous élaborons des projets professionnels qui me donnent une raison supplémentaire de vouloir reprendre le dessus sur la voix démoniaque qui murmure dans ma tête.

*

Ce qui est particulièrement complexe à gérer, ce sont les réactions, les attitudes et le regard des gens. Pour beaucoup, je ne suis pas malade. Famille, proches, amis ou connaissances (peu importe la place qu'ils occupent) me jugent sans savoir, ne comprennent rien à ce qui arrive, y voient une sorte de caprice. Aux yeux de beaucoup, l'anorexie touche les mannequins, ce n'est pas une maladie « grand public », donc je ne suis pas concernée. Or, elle peut atteindre n'importe qui, et ses ravages sont plus fréquents qu'on ne l'imagine car en sont victimes des hommes, des femmes, des enfants, même.

J'en ai entendu, des phrases toutes faites, des inepties blessantes et injustes.

« L'anorexie est une maladie de riches ; dans les pays pauvres les gens donneraient tout pour manger. »

« Tu n'es pas malade, tu veux juste te rendre intéressante, ce n'est pas comme cela que tu attireras mon attention. »

« Si tu es lucide sur toi-même, alors ton anorexie part en un claquement de doigts. »

« Ne te rends pas malade pour obtenir plus d'attention de moi. »

« Elle n'est pas malade, moi aussi j'ai été mince. »

Ce florilège illustre combien ce fléau est aussi méconnu qu'incompris. À l'instar des maladies mentales en général.

*

Pour beaucoup, on le voit, elle se résumerait à une lubie, une saute d'humeur, une manière d'attirer l'attention. Or, quand je suis en crise, je ne veux pas du tout qu'on s'intéresse à moi ; au contraire, je me cache, je me renferme et j'essaie d'éviter au maximum les regards que je fuis, notamment de ceux que j'aime, les plus lourds et douloureux à supporter.

Le seul regard auquel je me confronte dans ces instants-là est celui de Marie-Sophie, car c'est elle qui m'insuffle le courage et la force de lutter. Le sien est plein d'espoir, de guérison, d'avenir.

Et s'il est un regard auquel je ne me frotte surtout pas, c'est le mien. Cela peut sembler étrange, mais même si l'on me qualifie régulièrement de « sac d'os », moi je suis convaincue d'être grosse. Même à mon poids le plus bas – seulement 48 kilos pour 1,78 mètre, je l'ai dit –, j'en étais convaincue.

Dans les yeux de maman, je lis de la tristesse, de l'impuissance. Elle pense que « ça finira par passer », qu'un jour je n'aurai plus de crises... Moi aussi, même si aujourd'hui, à 27 ans, alors que voici treize ans que l'anorexie mentale essaie de prendre le pas sur moi, je rêve du moment où celle-ci s'en ira pour de bon, où elle me laissera prendre possession de moi-même et me fera me sentir enfin « bien » dans mon corps.

Pour papa, pendant longtemps, je n'ai pas été malade, on l'a vu. Je voulais juste attirer l'attention. Je me demande même s'il aurait remarqué de lui-même mon état un jour ? Le mystère reste entier car maman et ma sœur le lui ont révélé. Aveuglement ? Absence de sentiments ? Je ne crois pas. Je pense plutôt qu'il se protégeait ainsi. Et qu'il aimait se mentir sur la solidité de sa fille. Sans doute aussi ne pas m'avoir vue tomber à 48 kilos l'a-t-il « préservé ». Et aussi laissé dans ses propres certitudes pendant longtemps. Avant qu'il réalise, essaie d'agir – parfois maladroitement, à certains moment en ignorant, à d'autres dans la compréhension active, etc. Rassure-toi, papa, je ne t'en veux pas.

*

Une amie cavalière, qui ne connaissait pas la maladie mais dont je suis proche depuis quelques années, a en revanche, elle, compris tout de suite qu'il ne s'agissait pas d'un « caprice » mais bien d'un mal-être réel et grave. Souvent, en me voyant, elle s'inquiétait, me demandait si je portais plusieurs couches de vêtements sous mon jean, espérant une réponse négative. J'avais pris l'habitude d'accumuler deux, voire trois pantalons, un legging, des collants polaires et plusieurs pulls pour ne susciter aucune interrogation. Elle avait deviné.

*

Le processus de guérison débute au moment où l'on accepte le fait d'être malade. Dans mon cas, ce mécanisme s'est mis en place lorsque j'ai compris que le regard le plus nuisible, le plus destructeur était le mien, quand j'ai réalisé que je ne pouvais pas me fier à ce que je voyais de mes propres yeux.

C'est pour cela qu'aujourd'hui je demande souvent à mes proches si j'ai grossi ou pas, ne pouvant objectivement m'appuyer sur mon propre ressenti. Malheureusement, à cause de cette maladie, personne ne répond honnêtement.

Le combat quotidien, une fois la crise passée, dure encore. Un cercle vicieux et dévastateur est à l'œuvre.

47

L'anorexie, l'autre visage du suicide

Pierre

Les parents d'anorexiques doivent vivre avec la souffrance, en essayant de continuer d'exister alors que bien des menaces pèsent sur eux et sur leurs enfants. Le mal, les rechutes, les organes et le corps qui se détériorent, l'impuissance, la crainte du suicide aussi. Dont cette maladie est à la fois le symptôme et l'expression.

*

L'anorexie fait tout basculer, plus aucun plaisir n'a de valeur, la joie et les rires risquant d'être sanctionnés par un appel qui peut signifier un drame ou un aller-retour aux urgences. Notre vie se rabougrit pour se résumer à subir les dégâts et effets collatéraux du mal, à accompagner les enfants en souffrance, à soumettre les parents avertis à la loi imposée par ce fléau qui atteint une immense partie de la jeunesse.

Il faut en prendre conscience, donc parler, écrire, publier car c'est notre jeunesse qui est en cause et aussi une certaine vision de notre société. Il faut ouvrir des centres qui prennent en charge les enfants plus tôt, et considèrent les parents comme des alliés de la guérison de la maladie et les prennent en charge eux aussi. Il en faut plus, beaucoup plus ; sur tout le territoire du pays, qui reste celui de la bouffe. N'oublions jamais que l'anorexie, et donc le rapport à la nourriture, tue plus d'enfants que n'importe laquelle des drogues.

48

Il n'y a pas d'école pour les parents

Pierre

Marie-Anne occupe une grande partie de mon attention, même si je ne suis pas habile à la manifester. Nous sommes en fin d'année, je ne sais où donner de la tête : les trois sœurs me sollicitent et réclament chacune leur « part » de mon temps. Comme si elles me disaient toutes : « J'existe, je veux de l'attention, je souhaite que tu t'occupes de moi. » Je dois totalement m'oublier, donner de tous côtés. La maladie de Marie-Anne a fait office de révélateur : le manque dont souffrent les femmes qui m'entourent m'a frappé au cœur.

Elles ont le sentiment que je ne me suis pas occupé d'elles, éprouvent le besoin de l'exprimer aujourd'hui. Ensemble.

Je le répète, je ne veux ni juger ni contester ou minimiser ce sentiment, mais il m'est extrêmement compliqué de gérer tant de regrets en même temps.

Chacune de mes filles semble se focaliser sur ce qui lui a manqué, faisant abstraction de ce que je me suis efforcé de leur apporter, offrir, et notamment des conditions de vie exceptionnelles au prix d'un travail acharné. Il est vrai que ce fut au détriment de la place que j'aurais dû leur accorder. Guidé par l'obsession d'essayer de réparer le mal fait et de consolider des positions bien fragiles, je les avais délaissées sans m'en rendre compte. Mais qu'aurais-je dû faire ?

Il n'est pas question ici de me défendre, mais d'envoyer un message à ceux qui sentent les prémices de la maladie, qui soupçonnent une forme d'instabilité chez leurs enfants : surtout soyez attentifs, et sans les juger, sans les exhorter à quoi que ce soit, essayez simplement de leur accorder un peu du temps qu'ils vous réclament. Cela suffira-t-il ? Je l'ignore. Mais le sujet mérite d'être abordé. Croyez-moi.

*

C'est ce que j'ai fait à l'occasion d'une visite chez une amie dont la fille de 15 ans laissait paraître des signes de troubles alimentaires. Marie-Sophie, qui m'accompagnait ce jour-là, a vécu cette rencontre comme un traumatisme, disparaissant en pleurs dans la cuisine, refusant la présence et le soutien des autres femmes présentes autour de nous, prouvant aussi combien la souffrance de sa sœur était la sienne et la marque indélébile de l'anorexie sur tous ceux contraints de la côtoyer de près.

— Tu comprends, Pierre, me dit cette maman inquiète, si je dois m'occuper vingt-quatre heures sur vingt-quatre de ma fille, je ne pourrai plus consacrer de temps à mon travail, à mon réseau. Et la seule chose qui me permet de vivre, ce sont mes relations. Que dois-je faire ?

Impossible de lui donner des conseils. Mais quelques jours après, dans la nuit, je reçus un appel : sa fille, effondrée en pleine rue sur un trottoir, ivre et sous l'emprise du cannabis, venait d'être transportée aux urgences de l'hôpital Necker.

J'ignore si le processus infernal était engagé, et évidemment je ne le lui (leur) souhaite pas, mais que faire en pareilles circonstances ? Décidément, il n'y a pas d'école pour les parents.

Que dire ? Pendant toute la période noire que nous avons traversée, les mots m'ont littéralement tué. J'étais – et je suis toujours – hanté par la peur du propos ou de la phrase qui pourrait avoir une conséquence tragique. Je n'ose plus parler, exprimer ce que je ressens, déléguant la parole à d'autres, aux médecins, à ma compagne, à la maman de Marie-Anne.

Épilogue

Pierre

En guise d'épilogue, il me faut revenir sur un épisode dont je ne suis pas fier. Le rendez-vous chez le psychologue avec Marie-Anne et sa maman, Anne-Valérie. Il est vrai que je n'avais pas pris conscience de la maladie de ma deuxième fille, ni de sa gravité. Comme expliqué plus haut, pour moi sa détresse était la conséquence d'une rupture amoureuse et non un fléau plus lourd et insidieux. Je dois donc, ici, faire un mea-culpa.

*

Concernant ma fille, je ne comprenais pas pourquoi je devais jouer un rôle dans ce qui n'était, à mes yeux, qu'une « maladie d'amour ». Je voyais dans la réunion et son mal-être un moyen de me faire « payer » mon absence, la « preuve » d'une sorte de jalousie envers ma vie d'homme heureux filant le parfait amour avec une très jeune femme. Le déni total, en somme.

Sans doute ai-je mis trop de temps à intégrer ce qu'était réellement le rôle d'un père.

Poursuivons l'exercice de franchise : lorsque j'ai conçu mes enfants, comme beaucoup d'hommes je l'ai fait pour répondre au désir de mes compagnes et sous la pression sociale. Je suis très heureux de les avoir, bien évidemment, mais je n'avais pas conscience, alors, de l'engagement, de la responsabilité, de l'accompagnement et du devoir que ces naissances représentaient. Je perpétuais le schéma de mes propres parents, schéma selon lequel le père devait travailler pour subvenir aux besoins de la famille et la mère s'occuper des enfants.

Je ne cherche pas à me défiler, mais à comprendre pourquoi j'ai réagi de la sorte, chaque fois et pour des raisons différentes. J'ai travaillé des heures durant chez mon propre médecin sur le besoin vital, presque maladif, de liberté, le besoin de « vivre » qui bout en moi. Est-il venu à la suite de l'accident de moto qui me maintint alité pendant deux ans ? Tient-il au passage par la case prison, qui me priva de liberté six cent deux jours ? Est-il l'horrible héritage de mon père ? Je ne sais. Mais à l'énoncé des faits, je ne peux que reconnaître la bêtise de la réaction – presque inhumaine – que j'ai eue en de multiples occasions.

*

Lentement, très lentement, trop lentement, j'ai compris que je n'étais pas le « bon » père que je croyais, « bon père » que j'identifie comme étant l'homme qui travaille, donne un cadre à ses enfants, celui de la religion, de l'histoire familiale ou du rapport à l'argent. N'ayant pas voulu faire grandir mes filles dans une comédie où le papa enchaîne les week-ends de « travail » et rentre le soir « fatigué », n'ayant pas souhaité les contraindre à endurer l'enfer que j'ai connu au sein de ma propre famille, n'ayant pas désiré appartenir à la catégorie des pères qui cachent leurs amours et font croire être des saints tout en agissant autrement, j'ai sans cesse expliqué, raconté, présenté, assumé.

Si bien que je les ai propulsées dans un autre enfer. Affectif, émotionnel. Mes filles ont souffert de l'irrégularité et de l'instabilité de mon rôle. Pour moi, célébrer Noël, les anniversaires, les fêtes des pères ou des mères n'a aucun sens, et je n'ai jamais fait semblant, le disant ouvertement. Or j'ai eu tort. Ce qui n'empêche pas que, lorsque je vis quelque chose de fort avec mes enfants, c'est d'une intensité immense. Avec mes filles, jamais je ne joue.

*

Elles non plus ne jouent pas. Pas plus que les femmes qui ont fréquenté ma vie.

Lorsque j'écris ces lignes, Marie-Anne se reconstruit pas à pas, elle s'est mariée, travaille à acheter avec son conjoint une maison et elle est remplie de projets. Nous avons appris à gérer notre relation pour le meilleur de la famille. Je lui souhaite tout le bonheur et le meilleur du monde – je serai toujours là pour toi, tu le sais.

Incroyable collision du destin, je suis suivi depuis plus de vingt ans à Sainte-Anne[1] où, au fil des années, le pavillon de consultation se déplace. Aujourd'hui il est à moins de dix mètres de celui des troubles alimentaires compulsifs. À chaque séance de thérapie je vois ces adolescents qui, comme ma fille, souffrent, se battent contre la maladie, partent en groupe pour la piscine, sorte de piqûre de rappel sur le passé et ce qui est vraiment important dans la vie. Le bâtiment s'appelle Levi Valensi. C'est aussi le nom d'une association qu'autrefois j'avais aidée, ne pouvant évidemment anticiper qu'un jour elle viendrait au secours d'enfants frappés par le mal qui atteindrait quelqu'un d'aussi cher à mon cœur. Alors, quand je suis sur place, à proximité de ces adolescents en souffrance sans pouvoir les voir, sachez que je les sens, les imagine et leur envoie des milliers de pensées positives, dont – surtout – les forces du courage. Au fond de moi, une certitude

1. Je tiens à saluer le professionnalisme, l'attention et l'empathie du personnel de Sainte-Anne.

naît et grandit, ils vont s'en sortir s'ils ont une passion, car l'encadrement est exceptionnel, fantastique de dévouement pour eux. Pour ces petits bouts de vie sur lesquels il faut souffler afin de rallumer une braise, tout peut être utile : l'art, la musique, l'écriture, l'amour ; et ici tout est entrepris pour que le feu prenne. Un immense merci à ces professionnels dévoués, à cette structure magnifique si différente de certains établissements quelque peu « machines à fric ».

*

À travers ce livre, avec mes filles nous avons souhaité alerter, avertir, expliquer pour que cesse le gaspillage des vies qui, en France, touche près de 230 000 personnes, soit trois stades ou l'équivalent de Metz, Nîmes ou Le Havre. Informer, raconter pour éveiller les consciences. Pour saluer et remercier aussi.

J'aime la noblesse d'âme de mon aînée, Marie-Sophie, qui apparaît en filigrane dans ce texte, femme d'une force et d'une humanité incroyables. Puissent ces lignes, la reconnaissance de mes erreurs, aider mes trois filles à se construire une belle vie, loin de cette foutue anorexie, saloperie d'anorexie dans laquelle je reconnais ma part de responsabilité et dont je m'aperçois que je ne peux, seul, les sauver.

Un papa n'est pas forcément un héros. Ou alors, un héros sans les armes qu'il faut.

Espérons qu'un jour nous pourrons tous ensemble, avec Marie-Sophie, Marie-Anne et leur mère Anne-Valérie, avec Marie-Suzanne et sa maman aussi, avec Patricia ma compagne et sa fille Éva, écrire mieux que le mot « fin » au terme d'un livre racontant la manière dont, tous, nous avons affronté le fléau. Espérons qu'un jour, on écrira : « C'est gagné ; l'anorexie n'est plus qu'un mauvais souvenir. »

Remerciements

Notre reconnaissance incommensurable va en premier lieu au corps médical, les docteurs Boulanger, Mercuel et Siou pour leurs très précieux conseils et leur soutien.

À Patricia Nogueira Da Silva pour sa participation fédératrice et sensible à l'écriture de ce livre, à Thierry Billard pour sa fidélité depuis vingt ans au fil des ouvrages quels qu'en soient les sujets, à Anne-Valérie, Marie-Suzanne, Julie sa maman, mais aussi à José et Alexandar pour leur patience et leur bienveillance tout au cours du projet.

Table

Pour en savoir plus
sur les Éditions Plon
(catalogue, auteurs, vidéos, actualités...),
vous pouvez consulter
www.plon.fr
www.lisez.com

lisez!

et nous suivre sur les réseaux sociaux

Editions Plon

@EditionsPlon

@editionsplon

MIXTE
Papier issu de sources responsables
FSC® C003309

L'Éditeur de cet ouvrage s'engage
pour la préservation de l'environnement
et utilise du papier issu de forêts gérées
de manière responsable.

Impression réalisée par CPI
en septembre 2019

N° d'impression : 3034575
Imprimé en France